羽生雄毅

OTAKU《オタク》エリート

2020年にはアキバカルチャーが世界のビジネス常識になる

講談社+α《プラスアルファ》新書

はじめに

世界の名だたる会議の席で、グローバルに活躍する世界のエリートたちから、アニメや秋葉原の話題を振られるかもしれない——そんなリアルな可能性を、私たちは真面目に考える時期に差しかかっている。

近年、アニメやコスプレ、初音ミクなど、秋葉原で見かけそうなオタク的なもの、いわゆる「アキバカルチャー」が海外で人気だというニュースをよく耳にする。その人気の中身も、「ドラえもんがアジアで人気だ」といった話とは全く違っている。アメリカにはボーカロイド曲で踊る女子高生がいて、フランスでは日本のイラストサイトに投稿し10ヵ国語以上でのコメントを受けるイラストレーターがいる。マレーシアにはアニメイベントを主催してSNSで数万ものフォロワーを集める人がいて、そこに出演するために国境を越えるコスプレイヤーがいる。企業もマスメディアも年輩世代も不在のコミュニティーが世界各国で出来上がり、単にアニメやマンガが人気であるのとは別の次元に突入している。

私が留学していたオックスフォードでも、アキバカルチャーの人気が拡大していく様子を目の当たりにした。２００３年には、学部の同期から「アニメとマンガってどう違うの？」と聞かれる程度だったのが、２００５年にはアニメ上映会にも人が集まるようになった。２００８年にはニコニコ動画に「歌ってみた」を投稿する学生が現れた。オックスフォードで、２０１０年には、歴史的建造物を背景に堂々とコスプレ撮影会をする人が現れた。である。

ここで立ち止まって考えてみると、世界のアキバカルチャーのファンたちの教育水準は、決して低くないといえるのではないだろうか。彼らは能動的に言葉の違いを乗り越える、好奇心旺盛な人たちである。また、多くが創作活動に携わり、ＩＴを駆使して自己発信するなど、平均以上に活動的である。新興国にいたってはアニメやコスプレを楽しむ余裕がある時点で、その国では経済的には中より上の人々である。実は将来有望なのではないだろうか。

オックスフォードにもいたアキバカルチャーのファンたちは、２０２０年前後から社会の第一線に立つ年齢になる。キャリアを積み、影響力をつけ、グローバルエリートとなる者も現れるだろう。超知日派「ＯＴＡＫＵ《オタク》エリート」の誕生だ。

実は、「ＯＴＡＫＵエリート」はすでに現れ始めている。２０１４年、バーチャルリアリティー機器を開発するシリコンバレーのベンチャー企業、オキュラスＶＲ社に20億ドルの値がついた。その創業者がアニメとボーカロイドのファンであり、「アキバカルチャーはバーチャルリアリティー技術の普及に重要だ」と公言し、日本に優先出荷するという出来事があった。また、アキバカルチャーを入り口に来日し、そのまま国内で起業する外国人もいる。ファンベースは圧倒的に若い層に寄っていることから、「ＯＴＡＫＵエリート」は今後もさらに増えるだろう。

しかし翻って、日本人自身のアキバカルチャーに対する理解度はどうだろうか。これまでもあった「オタク文化」に詳しい人は増えたが、海外での様子については、ほとんどがまとめサイトで「海外の反応」を見て知る程度ではないだろうか。ビジネスサイドでも、人気がマネタイズできていないのか、それとも所詮ニッチ市場どまりなのかと議論が絶えない。

その議論を横目に、今や事実としてアキバカルチャーは日本の一つの顔となりつつある。

ただ、その人気の源や思想背景など、文化論としての側面はほとんど語られず、日本人自身がその本質をあまり理解していないのではないだろうか。国際的に高まる日本への関心にこたえて正しく情報発信するためには、その文化論が必要である。

アキバカルチャーの文化論を通じて見えてくるのは、コンテンツ輸出のあり方や、外国人との交流の方法、世界から見た日本の姿など、多岐にわたる。今後日本人が世界で活動していくうえで、キーパーソンともなりうる、超知日派「ＯＴＡＫＵエリート」との接し方も見えてくる。そして何よりも、自国の文化について筋道立てて説明できることは、国際理解やグローバルビジネスで不可欠な能力だ。

アキバカルチャーの世界的流行により、様々な文化が行き交う今の世界で、日本人として身につけるべき常識が一つ増えたともいえる。だがこれは同時に、世界的な視野を持てるようになる一つの突破口であり、大きなチャンスでもある。本書を通じて、そのチャンスを活かせる人が一人でも増えれば幸いだ。

羽生雄毅

OTAKUエリート　目次

第2章 サイバーカルチャー・フロンティア

アキバカルチャーの真の最前線

第3章 OTAKUネイティブ世代、誕生

第4章　OTAKUエリート、台頭

第5章 アキバカルチャーのターン

取材協力　杉本尚子

●文中一部敬称略とさせていただきました。
●特にクレジット表記のない写真は著者が撮影したものです。

序章

OXFORD × AKIHABARA

世界有数の名門校である英国・オックスフォード大学。そのセント・キャサリンズ・カレッジに入学した私は、将来世界的なエリートになるかもしれない校友の中に、かなりの数の「OTAKU」たちが混じっている様子を目の当たりにする。アキバカルチャーは世界の共通語になるだろう。

【上】著者が通っていたオックスフォード大学
【下】オタクの街・秋葉原
©Photononstop（上）　時事通信フォト（下）

みんなでニコカラやらないか？

オックスフォードで「ニコニコ動画」カラオケ会やってみた！

「バーカバーカ！」
「バーカバーカ！」
「バーカバーカ！」

ギャグアニメ風のカラオケ動画の日本語歌詞を連呼しつつ、盛り上がっているのは、私の仲間たち。英国・オックスフォード大学の校友たちだ。

２００９年、１月。イギリス・オックスフォード市の中華レストランで、私たちは大いに盛り上がっていた。参加者のメインは、「オックスフォード・ジャパン・ソサエティー」のメンバー。このサークルは、オックスフォード大学に数ある国際交流系の公認サークルのひとつで、中心となっていたのはジャパノロジー（Japanology＝日本学）専攻の学生たちだ。サークルでは日本語教室、有識者の招聘《しょうへい》公演イベント、「Sushi Night（寿司の夕べ）」や邦画上映会などの文化イベントが定期的に行われる。このほかにも、「OHANAMI（お花見）」「GO-KON（合コン）」「NOMIKAI（飲み会）」などの社交イベントが行われていた。

カラオケイベントも、そんな社交イベントの一種だ。当時、中華レストランのアジア式カラオケに入っていた曲は大部分が中国語曲で、韓国語、タイ語、タガログ語、そして日本語曲はわずかだった。日本語曲は'90年代のポップスがメインで、日本在住経験のある人たちはこれで盛り上がった。しかし、アニソンなどは、『ドラゴンボールZ』の主題歌『CHA-LA HEAD-CHA-LA』と、『新世紀エヴァンゲリオン』の『残酷な天使のテーゼ』ぐらいしか入っていなかった。

ところが、この1月のカラオケイベントでは様子が違っていた。事前に、ソサエティーのメンバーであり、工学専攻の学生である日英ハーフのケンから、「例の中華レストランのカラオケシステムのプログラムを書き換えて、自作のハードディスクを接続する方法を見つけた。なので、来週のカラオケイベントで歌いたい曲があったら、その動画サイトのアドレスを書いて送ってほしい」と連絡があったのだ。ケンはオックスフォード在学中から、日本の大手ITシステムベンダーで数ヵ月間インターンをしていた凄腕エンジニアである。中国製カラオケ機をハックするのは造作もなかったのだろう。

イベント当日、会場には、主催のケンをはじめ、30名くらいが集まっていた。イギリス人だけでなく、欧州大陸や中国・東南アジア系の留学生など、様々な出自の人たちである。日本人の参加者は少数だ。

その日、ケンから渡された、彼のお手製の歌本を開いた私は呆然とした。

『レッツゴー!陰陽師』

『組曲「ニコニコ動画」』

『思い出は億千万』

『イー・アル・カンフーで、ラップ』

『チルノのパーフェクトさんすう教室』

普段はパソコンの画面でしか見られないような文字列が、そこには確かに日本語で印刷されていた。どれも、私が当時好んで見ていた（今も見ている）動画サイト『ニコニコ動画』にアップロードされていた同人音楽の人気曲のタイトルだ。自分でもリクエストしたとはいえ、イギリスでこんな字面を目にする日が来るとは……。私は高まる期待を次第に抑えきれなくなった。

ドキドキしながら、「おっくせんまん[*1]（『思い出は億千万』）」に割り当てられた番号を入力する。とたんに、カラオケ機本体の電光パネルに中国語で「予約を受け付けました」の文字が現れ、モニター画面には、ファミコンゲーム『ロックマン2　Dr.ワイリーの謎』（日本では1988年発売）のスタート画面に続き、同ゲームキャラのエアーマンが現れた。やがて『思い出は億千万』のタイトル文字が浮かび上がる。そして、'90年代に少年時代を送った日本の若者が「過ぎ去りし季節を懐かしむ」、あのノスタルジックでパワフルな曲が、本当に始まったのだ。日本から遠く離れたオックスフォードでニコカラ[*2]が歌えるなんて！

意外なことに、曲が始まるやいなや、外国人メンバーが突然手を上げて画面を指差し、「おぉ！　このゲーム、知ってるぞ‼　メガマン！」と叫んだ。海外で『MEGA MAN（メガマン）』として高く評価される『ロックマン』は、彼らにとってもなじみ深い作品だったのだ。

次にマイクを握ったのは小柄な女子学生、経済学・経営学専攻のミシェルだ。マレーシア出身の彼女が選んだのは、なんと『組曲「ニコニコ動画」』[*3]。当時ニコ動で人気があった数々の曲のメドレーだ。高速歌詞が10分以上も続くこの曲を歌いこなすのは、日本人でもかなり骨が折れる。モニター画面に、同人ゲーム『東方Project』のキャラクター、アリス・マーガトロイドが現れ、次いで、アイドル育成シミュレーションゲーム『THE

IDOLM@STER（アイドルマスター）』のキャラクター、双海亜美《ふたみあみ》ちゃんが登場すると、大音量で曲が始まった。

♪「もっと！　高めて果てなく〜」

ミシェルの日本語の発音はたどたどしいが、意味不明の高速歌詞が連続する『組曲「ニコニコ動画」』を、実にしっかりと歌いあげている。唖然としつつも、これは面白いことになってきたと、マイクなしで歌を合わせていると、彼女は「一緒に歌え」とばかりに私にもマイクを渡してきた。私のマイクは、やがて、大学院留学生と思われるノリノリの日本人参加者に奪われた。当時ニコニコ動画は10代・20代を中心に爆発的にユーザーを増やしており、そこで流行するボーカロイドなどの同人音楽やアニメソングの替え歌は、日本ではカラオケでの定番になりつつあった。だから、日本人の彼が歌えるのはよくわかるのである。しかし、ミシェルがここまで歌い切れるとは……。

冒頭の「バーカバーカ！」が連出するのは、私が歌った『チルノのパーフェクトさんすう教室』[*4]だ。曲中で繰り返されるアップテンポな「バーカバーカ！」に、イギリス人も他の国

『アイドルマスター KOTOKO Princess Bride!』で踊るオックスフォードの学生たち

の人もいつの間にか乗せられ、一緒に叫び始めた。何の歌かは知らなくても、日本語がわからなくても、この楽しさとノリは伝わるのだ。

ノリは『アイドルマスター KOTOKO Princess Bride!』[*5]で最高潮になった。これは、ゲーム『ＴＨＥ　ＩＤＯＬＭ＠ＳＴＥＲ』のプレイ画面に、シンガーソングライターであるＫＯＴＯＫＯさんが歌う曲を合わせたものである。

歌い始めてから30秒ほどしたころだろうか。

後ろの方で何かが跳ねる音がし始めた。

何だ？

振り向くと、いつのまにか参加者が立

ち上がり、画面の中で踊るバーチャル・アイドル、天海春香《あまみはるか》ちゃんに合わせて踊り始めていた。カラオケのはずが……ここはクラブか、秋葉原のアイドルステージか。

こうなったら方針転換だ。私は歌うのをやめ（そもそもこの動画はボーカル付きだったのだ）、マイクを切って、みんなと一緒に動画に合わせて踊ることにした。とにかく楽しんだ。楽しみまくった。さっきの「バーカバーカ！」と同じく、ほとんどの人はこの曲を知らないだろう。しかしそんなことはどうでもよかった。ニコ動の音楽や映像の魅力は、オックスフォードの仲間たちにも確かに届いていた。理屈抜きで楽しさを伝える確かな力があった。

曲が終わると、みんなからは「良い汗かいた」と言わんばかりの歓声が上がった。そこには、海外で暮らしているからこそはっきりと見える、「アキバカルチャー」の姿があった。

世界で続々誕生する「OTAKUエリート」たち
アキバカルチャーから生まれる新たな存在

前述したとおり、当時のイギリスでは日本のオタクコンテンツにくわしい者は少数で、特にスノビズムが強いと評されるオックスフォード大学でこのように受けるのはめずらしいケースだと考えていた。だから、２００２年から7年半の学生生活の間、徐々に増えはじめたゲーマー・アニメオタク・コスプレイヤーたちと「オタク」な思い出を作ることになるとは、入学当初は本当に予想だにしなかったのである。

しかしその後、ニコニコ動画やボーカロイド曲などの同人音楽を歌いこなす学生の他に、アニメ『新世紀エヴァンゲリオン』のヒロインの一人・アスカを二次元彼女とする者、トレーディングカードゲームで世界選手権に出場する者、毎年名古屋で行われる『世界コスプレサミット』に招待されてゲーム・コスプレを披露するコスプレイヤーなどが続々と現れた。

彼らは卒業後、各分野の一流の研究者として大学に残ったり、投資銀行に勤めたり、ファンドマネージャーになったりと、今や世界的な活躍を見せている。例えば、前出のカラオケ機をハックしたケンは、卒業後はベンチャー創業に携わり、機械視覚システムの研究開発を行っている。『組曲「ニコニコ動画」』を歌ったミシェルは、マレーシアでトップの進学校KYUEM（Kolej Yayasan UEM）の出身で、イギリスの公立大学入学資格試験であるＡレベル試験で、会計学の科目で全世界1位になったこともある秀才だ。彼女は、国費でオックスフォード大学で学んだ後、帰国して政府系金融機関に就職した。オックスフォードのオタク卒業生の中には、他にもダボス会議の若者部門各国支部の代表に選ばれたエリート中のエリートもいる。

彼らは、自分たちを嬉々として「ＯＴＡＫＵ」と称し、ＳＮＳ（Social Networking Service／ソーシャル・ネットワーキング・サービス）などのオンラインコミュニティーを通じてＯＴＡＫＵである自分を発信している。彼らにとってもはや「ＯＴＡＫＵ」であることはライフスタイルになっている。

ただし、ここで注意しなければいけないのは、これまで日本国内で「オタク文化」と呼ばれてきたものと、今日世界で流行している、「グローバル・アキバカルチャー」とでも呼ぶべき文化は、違う論理で動いていることだ。両方とも、アニメ・ゲーム・コスプレといった、日本的なオタクコンテンツをベースに発展してはいる。だが、前者が「数ある大衆文化のうちの一つ」という位置づけのサブカルチャーであるのに対して、後者は「メインストリームに対抗しよう」という明確なアイデンティティーを持った、ある種の「カウンターカルチャー」だ。このギャップがビジネスや外国人との交流で微妙なすれ違いを生んでいる。

本書の目的は、「グローバル・アキバカルチャー」の根底に流れるものを知り、日本のコンテンツの海外でのあり方を考える糧としたり、正しく「日本」を発信したり、新たな世代の「ＯＴＡＫＵ」たちとの交流の手助けとすることである。

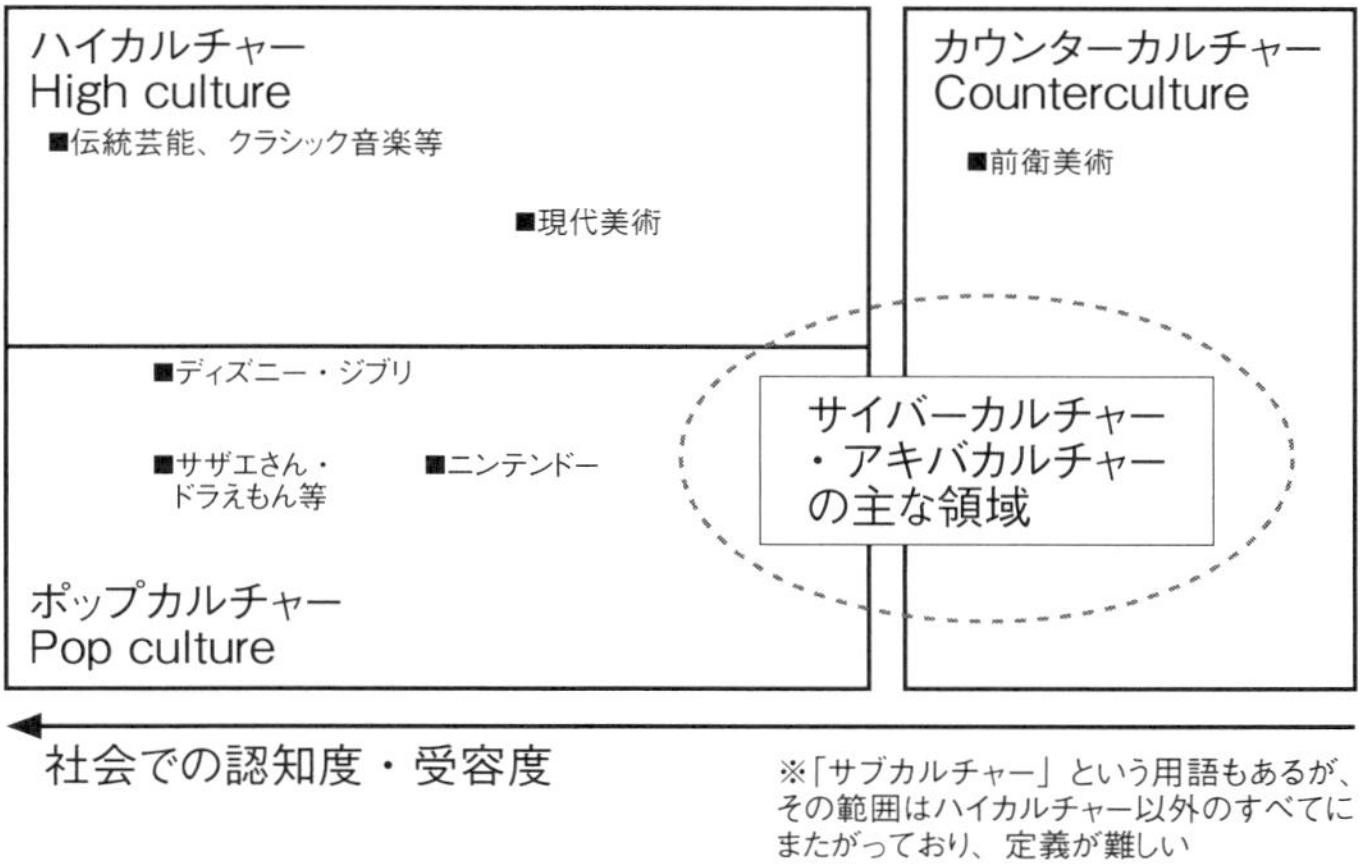

サイバーカルチャーとアキバカルチャーの位置づけの概略図（点線の楕円の部分）。「オタク文化」や「グローバル・アキバカルチャー」は、この中の一つの流派と言える。なお、カウンターカルチャーの担い手は、こうしたカテゴリー分けそのものを嫌うことも多い

特に、新たな世代のＯＴＡＫＵの中には、オックスフォードのようなところからこれから続々と誕生する、「ＯＴＡＫＵエリート」となる人たちもいる。彼らは知日派として、将来の日本にとってのキーマンとなりうる人たちである。

そんな「ＯＴＡＫＵエリート」と付き合ったり、正しい情報発信のあり方を考えるには、まず「アキバカルチャー」と呼ばれるものの国内と海外での捉《とら》えられ方の違いや、それぞれを形作る歴史や思想背景の違いなどについての理解が必要だ。次の第１章では、世界のアキバカルチャーの本質を理解するために、その歴史をひも解いている。

【注】

＊１　カラオケ動画　http://www.nicovideo.jp/watch/sm604070

＊２　「ニコカラ」……「ニコニコカラオケ」の略で、『ニコニコ動画』ユーザーが作成したカラオケ動画の総称。または、その画面に合わせて歌うカラオケ。

＊３　ニコニコ動画サービス開始の２００６年12月〜２００７年６月頃までの間に、同サイトで人気のあった曲の一部を繋げたもの。アニメ『涼宮ハルヒの憂鬱』やゲーム『ひぐらしのなく頃に解　目明し編』のエンディング曲など、30ほどの曲が使われている。動画　http://www.nicovideo.jp/watch/sm500873

＊４　動画　http://www.nicovideo.jp/watch/sm5283414

＊５　動画　http://www.nicovideo.jp/watch/sm280671

第1章
世界標準となったアキバカルチャーの実態

「世界で流行するアキバカルチャー」は、日本のオタク文化とは似て非なるものだ。例えば、日本ではアニメはテレビで視聴するものだが、海外ではネットで視聴するものである。そのため海外では、アニメを取り巻く文化は全てネットでの視聴を前提に組み立てられている。つまり、世界で流行するアキバカルチャーとは、インターネットをベースとしたサイバーカルチャーなのである。

『進撃の巨人』の人気キャラ、リヴァイは「お掃除兵長」というネットミームとして世界のネット上で大ブレイクした。上記カットはマレーシア人絵師ミノル(pixiv.me/minoru123)によるスマホ待ち受け用カット

「日本のオタク文化」≠「グローバル・アキバカルチャー」
「アキバカルチャー」を巡る、日本と世界の根本的な違い

「アキバカルチャー」と言われたとき、多くの人が連想するのは、いわゆる日本のオタクだろう。それは『機動戦士ガンダム』『ドラゴンボール』『スラムダンク』といったアニメやコミックにまつわる過剰な愛だったたり、それらのパロディである同人誌を作ったり買ったりする行為だったり、登場キャラクターのコスプレをする活動だったり、フィギュアを購入することなどに代表される文化だ。今やオタク街となった秋葉原で取り扱っていそうなもの。そういった文化である。

だから、「世界でアキバカルチャーが人気」と聞くと、「そうか、そうしたものが世界で受けているんだな」となんとなく考えてしまう。官製クールジャパンなどは、そうしたコンテンツを海外に売り込もうとやっきになっているように見える。けれど、はかばかしい成果があがっていないのは周知のとおりで、例えばそうしたところで指標とされる「海外での日本アニメコンテンツの売り上げ」は急成長しているとは言いがたい。韓流の後塵《こうじん》を拝しているとも言われる。その一方で、海外で行われるアキバカルチャーの関連イベントの来場者数は爆発的に増えている。このように相反する話が交わり、日本のコンテンツの実力については

議論が絶えない。

しかし、そもそも「世界で人気のあるアキバカルチャー」とは、具体的にどのようなものなのか。実は、この議論は公ではあまり行われてこなかった。なぜなら、日本国内では多くの人が、国内と海外のアキバカルチャーを同一視してきたからだ。

結論から言ってしまえば、二つは似て非なるものだ。この違いは、「国によってウケるアニメが違う」といった程度の差ではない。海外で流行するアキバカルチャーは、一見「日本のオタク文化」の衣をまとっているように見えるものの、別の力学で動いている。日本コンテンツの海外でのあり方を考えるならば、この差を意識する必要があるのだ。

インターネットを本拠地とする新たなカルチャー

マスメディア不在のグローバル・コミュニティー

そもそも、海外で親しまれているアキバカルチャー、いうなれば「グローバル・アキバカルチャー」とはどんなものなのか？　それが目に見える形で表れるのは、海外で行われる、コスプレ等をメインとした日本関連のイベントだろう。

例えば、近年よく話題になるのが、毎年6〜7月に行われるフランス・パリの『ジャパンエキスポ』だ。アニメをはじめとする日本文化の熱烈なファンであったフランス人の若者3

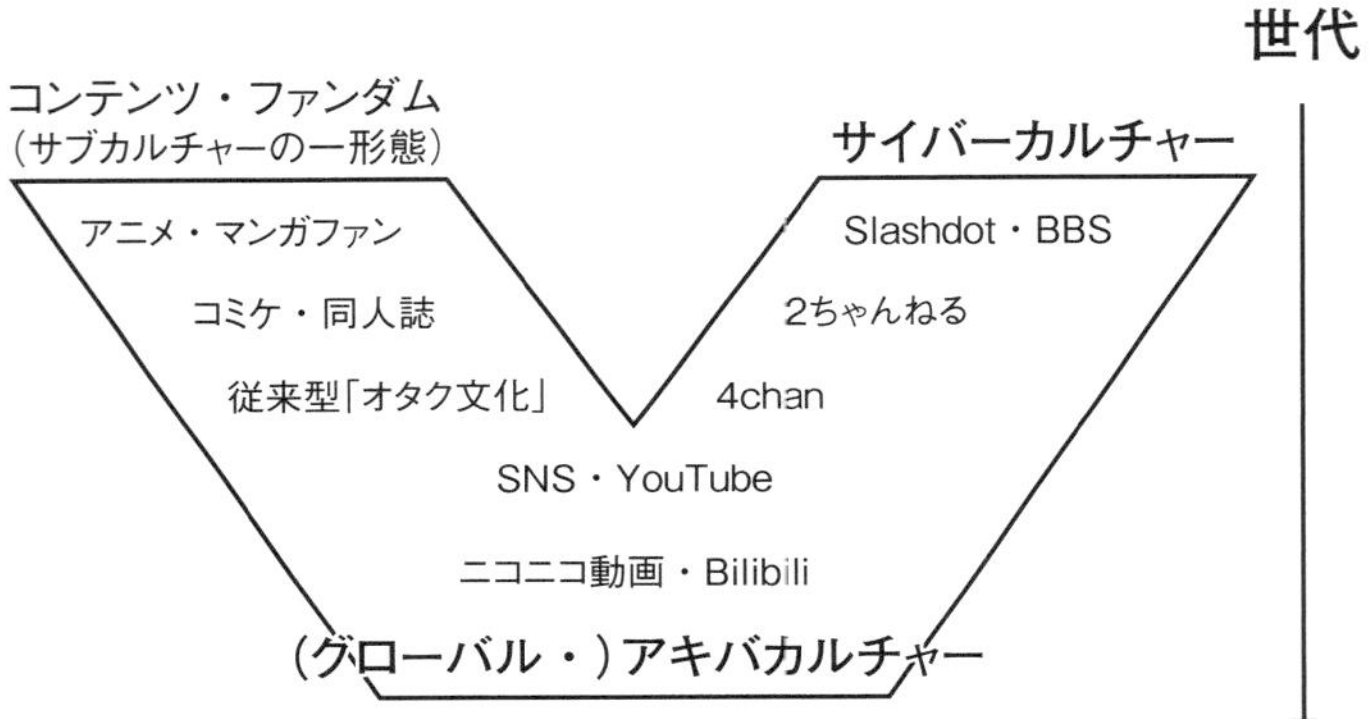

現在のアキバカルチャーの出自と世代。とくに若い層にとってアキバカルチャーは基本的に世界共通だが、国内では「コンテンツ・ファンダム」側に、海外ではサイバーカルチャー側に主導権があるという、外からは見えにくいが本質的に重要な差がある。本書ではこの差が特に重要である場合に「グローバル・アキバカルチャー」と称している

名が1999年に始めたこのイベントは、動員数は当初3000人程度で、会場はパリ・ビジネス高等学院のガレージだった。それから、十数年後の2014年には、来場者数は24万にも膨れ上がり、会場は総面積24万6000平方メートルのパリ・ノール・ヴィルパント見本市会場に変更された。これは「コミケ」が行われる東京ビッグサイトとほぼ同じ広さだ。

ジャパンエキスポ自体は、日本文化の博覧会なので、書道や茶道、武道などといった日本の伝統文化も紹介されている。しかし、来場者の主な目当ては、やはりアニメ・マンガ・ゲーム・音楽などのいわゆるアキバカルチャーである。そこには大好きなアニメやゲームのコスプレをする者、

『ニコニコ動画』などで流れるアニメソングやボーカロイド曲に合わせて歌う者、あるいはそうした曲に合わせて踊る者などが溢《あふ》れている。

来場者のうち、８割を占めるのが、25歳以下の若者だ。彼らがいわゆる「グローバル・アキバカルチャー」の担い手である。彼らの大きな特徴は、アニメ・ゲーム・ボーカロイドなどといったコンテンツにインターネットを通じて触れてきたこと。また、イラスト、音声、動画などの二次創作物を作っては、やはりネットを通じて他のファンと交流することだ。彼らは今や、世界中でマスメディア不在の、日本の旧来のオタク文化とは違った、独自のコミュニティーを築いている。

このように、現在のアキバカルチャーは旧来のオタク文化とは比べ物にならないほどグローバル化しており、コンテンツの流行において「日本」も「海外」も区別しない。「初音ミク」と「ネギ」をめぐる一連の現象はそれを如実に示している。

「初音ミク」はアキバカルチャーの代表的な存在の一つだ。ミクは、クリプトン・フューチャー・メディア株式会社が販売している歌声合成ソフト並びにパッケージキャラクターの名称だが、このミクが「ネギ好き」であることは、ファンの間では周知の事実となっている。ところが、そのような設定は元々、公式にはなかった。この設定は、ミクがネットの波に乗って世界を駆け巡った際に、ファンたちの手によって付与されたものだ。

これについて、くわしくは第2章で説明するが、「ミク」と「ネギ」を結び付ける原因となったのは、「Loituma Girl（ロイツマ・ガール）」という人気動画だ。これは日本アニメ『BLEACH（ブリーチ）』のヒロイン井上織姫《いのうえおりひめ》が作中でネギを振り回すシーンに、あるロシア人ブロガーが、フィンランドのフォーク・カルテット「Loituma（ロイツマ）」が歌う曲を合わせたものだ。独特のリズムに合わせてネギを振り回す奇妙な動画は、「中毒性がある」として英語圏のインターネットで流行を見せた。

この動画は日本に逆輸入され、「Loituma Girl」を初音ミク仕様にした動画が作られた。この動画も広まり、「ミクの好物はネギ」が世界的に周知された。これを受け、ミクの版権元であるクリプトン・フューチャー・メディア株式会社は、グッズ制作やイベント企画の際にも「ミクとネギ」を反映するようになったのである。

この一連の現象におけるポイントはインターネットだ。ミクを巡っての国境なきネット遊びに代表されるように、現在のアキバカルチャーはインターネット文化（サイバーカルチャー）の要素を多く持っている。そのためオタクコンテンツの影響が、政治や思想など、文化やエンターテインメント以外の場面で表出することもある。

これについても後述するが、「アメリカ外交公電ウィキリークス流出事件」（2010年）を受けて、ハッカー集団として有名な「アノニマス」が行ったウィキリークス支援活動、作戦名「Operation Leakspin（オペレーション・リークスピン）」もその一例だ。この名称は「Loituma Girl」のネギ回しが元ネタになっている。

サイバーカルチャーの色が濃いアキバカルチャーは特に海外で多く見られ、これを特別に「グローバル・アキバカルチャー」と呼ぶこともできる。そして現在台頭しつつあるOTAKUエリートたちは、この文化を土壌に成長している。つまり、彼らを理解するためには、まずインターネット空間におけるサイバーカルチャーの存在を知る必要がある。

全てはネット以前から始まっていた
1974：ギークたちが切り開いた不思議空間「サイバースペース」

インターネットの世界には、「サイバーカルチャー（cyberculture）」と呼ばれる独特の文化がある。学術的定義も固まりきっていないが、サイバーカルチャーとはインターネット上で見られる特徴的な行動様式全般を指す言葉だ。画面越しの人間関係やジャーナリズムの傾向、Eコマースの広告戦略など、幅広い意味が含まれる。[*6] 日常的な用法としては、チャットルームやオンラインゲームで散見される独特な言い回しや、流行の画像・動画など、趣味や娯楽の方面で使われることが多い。例えば、「逝ってよし」「乙」「ｗｗｗｗｗ」などのネットスラングや、動画サイト・各種ブログで流行る、何らかの内輪ネタと思われる「正体不明のコンテンツ」を連想したなら、だいたい当たりである。本書でもこの意味でサイバーカルチャーという言葉を使っている。

サイバーカルチャーの歴史は、インターネット以前、１９７０年代にコンピューターネットワークが生まれた頃まで遡《さかのぼ》る。サイバーカルチャーはそれ以来、若い世代を中心に取り込みながら、今も世界中に広がり続けている。そして、日本のオタク文化であるアキバカルチャーもこのサイバーカルチャーに相乗りする形で拡散している。

サイバーカルチャーの源流へと時代を遡ると、パソコン通信に行きあたる。そこは、パソコン通信サービス『ニフティサーブ』や『CompuServe（コンピュサーブ）』など、クローズド・ネットワークの世界だ。インターネットが一般的になる前、１９８０年代のことである。

クローズド・ネットワークとは、インターネットが世界中のネットワーク同士を結ぶ開かれた（オープン）ネットワークであるのに対する概念で、特定のサーバーに電話回線を通じてアクセスした者だけがネットワークに繋がることができる閉じた（クローズド）ネットワークのことだ（ダイヤルアップ接続の場合）。

当時のコンピューターは、その処理能力の問題で、電話回線を介して文字や簡単なプログラムをやり取りするのがやっとであった。それでもコンピューターオタクであるGeek（ギーク）[*7]たちは、自分たちが切り開いたサイバースペースに、究極の自由と自己表現の場を見出したと言われている。そこは、権力や権威から離れ、国籍や身分などの一切をリセットして、自分を定義することができた不思議空間だった。

パソコン通信の原点はＢＢＳ（Bulletin Board System）と呼ばれる電子掲示板サービスだ。ＢＢＳは当時、仲間内での連絡の場として使われていたが、現在のインターネットとは違い、利用するにはそれなりのＩＴスキルが必要とされた。

何よりも、ＢＢＳを利用するには、コミュニティーの一員になる必要があった。ＢＢＳには、政治、テクノロジー、思想など、同じ趣味や知識を持つ人々のコミュニティーが乱立し、それぞれのスレッド（板）には内輪ノリのごちゃごちゃな情報が書き込まれていった。情報を発信する側は、特定少数の仲間に向けて、現実世界ではなかなかできないアナーキーな表現を好んだので、その内容は次第に過激化する傾向があった。[*8]

そんな空間にまっ先に飛び込んだのは、自由を愛するヒッピーや、既存体制に対抗するカウンターカルチャーの支持者たちだった。アップル社の創始者であるスティーブ・ジョブズもこの一人であり、彼の有名なスピーチの一文、“Stay hungry. Stay foolish.（ずっと無謀で）”は、当時のヒッピーたちのバイブル的な雑誌『Whole Earth Catalog（ホール・アース・カタログ）』の最終号（1974年）の裏表紙に書かれた言葉である。このように、サイバースペースは、その誕生の瞬間からカウンターカルチャーの秘密基地だった。[*9]

こうしてBBSでは、カウンターカルチャーと内輪ノリを特徴とし、その理解には一定の知識や文化の共有を要求する、「高コンテクストな」文化、現在のサイバーカルチャーの原型が生まれたのだった。

パソコン通信やBBSが普及するに従い、一部のコアなユーザーの間には、「自分たちはその他大勢がまだ知らない文化を知っているのだ」という自負と、その文化を共有する人たちへの「仲間意識」が芽生えていく。特に急進的な人たちは、一般人には通じない隠語を好んで使い、排他的な選民意識すら持っていた。そういった人たちは、自らを“leet（「エリート」の意味）”と呼んでいた。しかもこの呼び名は、仲間だけに通じるように“L337”と綴《つづ》られた。

1990年代に入るとインターネット時代が始まった。この時にパソコン通信からインターネットへのユーザーの大移動が起き、サイバーカルチャーはインターネットへと引き継がれた。サイバーカルチャーの精神を色濃く残すものの筆頭が、アメリカの有名なギーク系ニュースサイト『Slashdot（スラッシュドット）』や日本の匿名掲示板サイト『2ちゃんねる』である。2ちゃんねるには「過度の馴れ合い禁止」というローカルルールがあるが、これはパソコン通信時代の「内輪意識」を反映したサイバーカルチャーのなごりなのである。

もうひとつ、サイバーカルチャーの特徴的な面である、カウンターカルチャーとしての「アンダーグラウンドさ」も引き継がれた。BBSには「実社会では認められないようなコンテンツ」も多くあり、特に薬物情報や海賊版ソフトが交換される日常は、今も暴力ゲームやポルノと同じように問題視されている。1998年に国内で最も勢いのあったインターネットBBSの名前が『あやしいわーるど』だったのは、この雰囲気を端的に表している。

当時は、権力者側がサイバースペースに対する知識をさほど持ち合わせておらず、サイバースペースは権力側にとっては手が出せない世界であった。このためサイバーカルチャーの世界は、2ちゃんねるや「アノニマス」という形で世間で問題になるまで野放し状態にあり続けた。

このアンダーグラウンドさと内輪意識が、のちに海賊版アニメの大量流通とOTAKUコミュニティーの発生という形で、アキバカルチャーの大ブレイクへと繋《つな》がっていくのである。

ハイテクキッズがネット空間にもたらした新風
１９９８：未成年がネット人口の半数を占めていた時代

１９９０年代後半から、インターネットの本格普及により、新たなサイバーカルチャーが作られはじめる。これには、子どもも相当関わっていたようだ。

アメリカで行われた聞き込み調査では、２０００年の時点で、インターネットユーザーのほぼ半数が18歳以下、主に10代の子どもであったという結果が出ている。*10 日本では学校にパソコンが入り始めた頃だが、アメリカではコーディングやソフト開発ができるＩＴスキルの高い子どもたちが既に珍しい存在ではなくなっていた。そんな子どもたちこそが、幼いころからニンテンドーやセガに親しんできた「'90s kids」と呼ばれる'80年代生まれのゲーマーたちである。現在、秋葉原のレトロゲームショップに古いゲームを買いに来るアメリカ人を見れば、彼らがどれほど日本製のゲームに入れ込んでいたかがわかるだろう。

そんな子どもたちは、同世代で共有できるゲームのようなテーマで、ウェブサイトや自作ソフトを作っていた。積極的な情報発信により、サイバーカルチャーを先導したのが彼らだ。ギーク系ニュースサイトであるSlashdotや『Something Awful（サムシング・オーフル）』では、権力や学校での権威への反抗としてハッキングや情報戦を仕掛ける彼らのような子どもたちが時折紹介された。同種のサイトで、「アメリカの2ちゃんねる」とも呼ばれる、英語圏最大の匿名画像ＢＢＳ『4chan（4ちゃん）』を立ち上げた、ハンドルネーム「moot」ことクリストファー・プールも、サイトを立ち上げた当時は15歳の学生だった。こうしたティーンエイジャーたちの活躍（暗躍？）は同世代の子どもたちの注目を集め、例えばハッカーなどは「かっこいいワル」とみなされるようになった。

大規模掲示板サイトが生まれた'90年代後半になると、ユーザーたちは掲示板サイトが同世代のゲーマーたちで溢れかえっていることに気づく。『スーパーマリオブラザーズ』（１９８５年）、『ゼルダの伝説』（１９８６年）、『ポケットモンスター』（１９９６年）などの日本製のゲームが共有される話題となり、それを元ネタとした様々な加工画像が流れるようになった。

そうした画像は原作のゲームを知らないと意味が通じない。ところがゲーマーだらけの大規模掲示板サイトでは、ゲームの加工画像はいともたやすく意味が通じてしまった。そして一部のゲームネタは「とてつもなく」流行し、「ネットミーム」[*11]と呼べるものを作り出した。

ネットミームとは、二次創作や三次創作にとどまらず、それ以上に転載や改変を繰り返しながらネットで広がる言い回し・画像・音声・動画などである。'90年代終わりに見られたネ

ゲーム『ゼロウィング』の問題のシーン。動詞(belong)の前にbe動詞(are)があること、そして複数であるべきbaseが単数形になっていることが面白がられた
©東亜プラン

ットミームでは、“All your base are belong to us.”が伝説的で、ゲームネタのネットミームの代名詞とも言われている。

　これは、メガドライブのゲーム『ゼロウィング』(1991年)の海外版の英訳が拙《つたな》く、特にオープニングデモの“All your base are belong to us.(君たちの基地は、すべて我々［CATSという名の宇宙海賊組織］がいただいた)”という台詞が文法的な誤りを含んでいたことによる。これがゲーム中のシリアスなシーンのセリフであることがさらに面白がられ、flash動画やGIF動画が英語圏のインターネットで大流行した(現在は英語の誤りを笑うよりは、ゲームでの文脈に従って「相手を征服したぞ」という勝利感を表現するために使われることが多い)。

同じ頃、コンピューターネットワークを利用したオンラインゲーム、いわゆる「ネトゲ」が流行しはじめる。特に『ウルティマ オンライン』(１９９７年～)や『リネージュ』(２００２年～)のような、ＭＭＯＲＰＧ(Massively Multiplayer Online Role-Playing Game／大規模多人数同時参加型オンラインロールプレイングゲーム)では、何十万人というプレイヤーが共通の仮想世界の中を駆け回っていた。

そこでのコミュニケーションは、主に文字を介して行われる。会話の多くは、どこのダンジョンを攻略すればどんなアイテムが得られるとか、モンスターの倒し方など、ＭＭＯＲＰＧの世界の中の「内輪の」話であった。プレイヤーたちはモンスターやアイテムにあだ名をつけ、独特の言い回しをするようになった。そうして仲間意識と内輪ノリをベースに、パソコン通信時代のＢＢＳと同じ構図で、一つの文化圏を作っていった。

大規模掲示板サイトにしろ、オンラインゲームにしろ、そこでのサイバーカルチャーを先導していたのは、'80年代生まれのゲーマーたちだ。彼らの根底には常に「ニンテンドー」があり、『ゼルダ』『マリオ』『ポケモン』が今も息づいている。彼らの存在がアキバカルチャーの世界進出の地ならしになったのである。

近年では、世界のゲーム業界における日本の存在感は昔と比べて小さくなり、和製ゲームとは縁のないゲーマーも多くなった。その一方で、現在世界で流行しているアキバカルチャーもMMORPGも、サイバーカルチャーという土台を共有している。アニメ・コスプレイベントに、『League of Legends（リーグ・オブ・レジェンド）』（アメリカ／ライアットゲームズ社製）や『World of Warcraft（ワールド・オブ・ウォークラフト）』（アメリカ／ブリザード・エンターテインメント社製）などの、日本製ではないゲームのコスプレをした人たちが集まってくるのはそのためである。

実は世界標準だった「2ちゃんねるのノリ」

2002：Slashdotのおまいらに「オマエモナー！」

1998年、日本で掲示板サイト『あやしいわーるど』が内輪モメにより閉鎖されると、ユーザーの多くが同種の新設掲示板サイト『あめぞう』、そして『2ちゃんねる』に流れた。あやしいわーるどのユーザーを引き継いだ2ちゃんねるは、パソコン通信時代から続くアンダーグラウンドな雰囲気をかなり色濃く残すものとなった。「仲間意識」も健在で、サイト内では「ネットの力」「おまいら」といった掛け声が聞かれ、「湘南海岸ごみ拾いOFF」のような共同行動や、個人のパソコンを束ねて大規模計算を行う「創薬研究プロジェクト」

などへの参加呼びかけが行われることもあった。こうして「おまいら」と呼ばれる存在が、緩やかだが実在性を持って定義されていった。

時を同じくして、ＡＤＳＬなどのインターネット常時接続サービスの本格普及が始まり、ネットの内輪ネタが通じる「おまいら」の激増とともに、大規模なネットミームが発生するようになる。

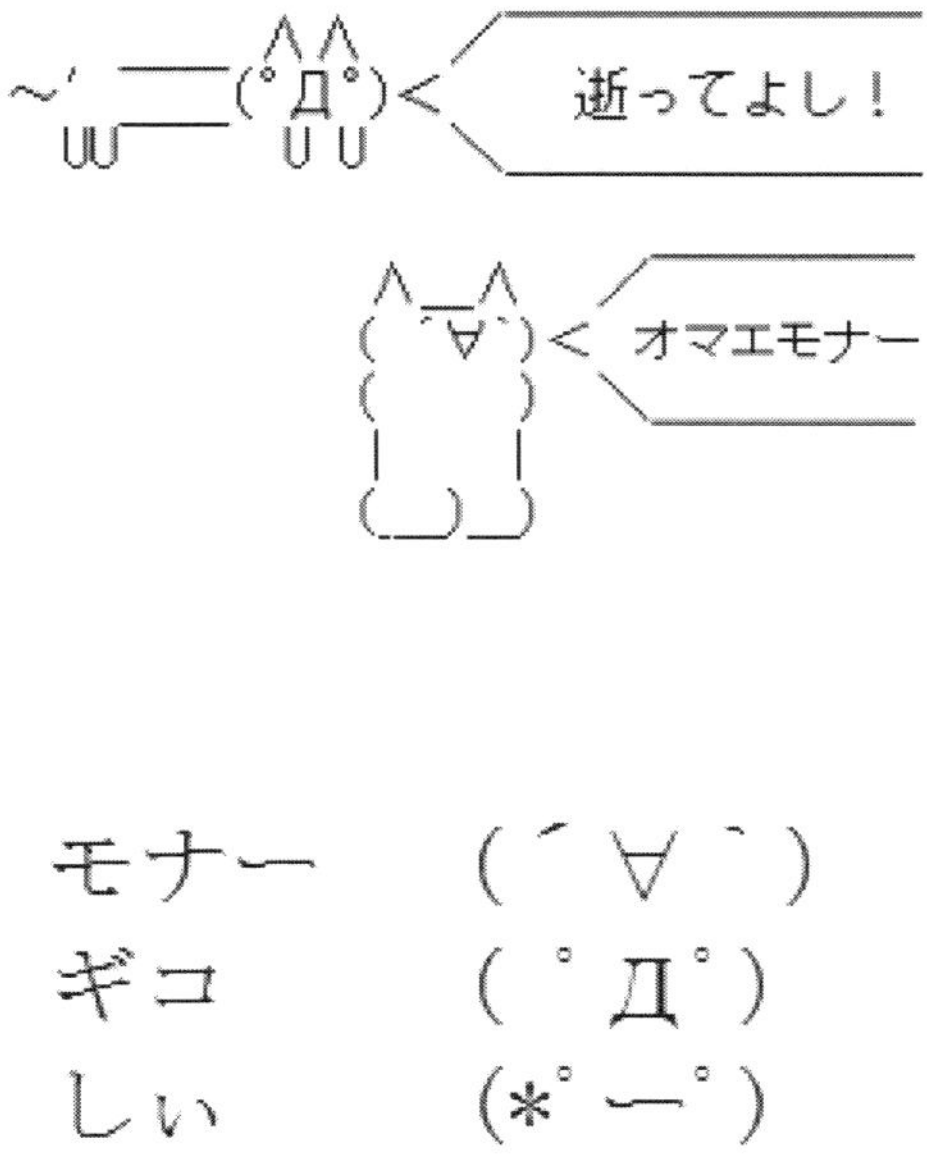

「逝ってよし」「オマエモナー」の掛け合いから派生した「モナー」。「ギコ（猫）」や、そこから派生した「しぃ」もネットスラングが語源となっている

関連書籍まで出た「２ちゃんねる語」や、「アスキーアート（ＡＡ）」の「モナー」「ギコ（猫）」「しぃ」といったキャラクターの数々は、日本の古参ネットミームの代表格だ。

ＡＡが大流行したのは、簡単に制作・編集・コピーができ、かつデータ量が少ないため送受信が容易であったことが大きい。ほんの数キロバイトのテキストでも漫画に引けをとらない表現力を持っていたことも、流行の一因である。*12

同じころ、アメリカで開設されたSlashdotでは、"News for Nerds. Stuff that matters.（ギークにとって大事なニュース）"を掲げていた。これは「おまいらもギーク」という、この頃のサイバーカルチャー特有の仲間意識を反映している。

同サイトは急速に成長し、'98年には1日に10万ページビューを誇るようになった。

これだけ人が集まるSlashdotでは、2ちゃんねると同じような文化が生まれていた。例えばTrolling（トローリング）とは、わざと人の怒りを買うようなことを掲示板に書き込んで周囲の反応を楽しむ行為で、2ちゃんねるでいう「釣り」行為のことである。Slashdotでも、ユーザー数が増えるに従ってこの手の愉快犯行為も増加した。仲間意識、ネットミーム、「祭り」と呼ばれるアクセス集中によるサーバーダウン、釣りに煽《あお》りと、アメリカの「おまいら」も、日本の2ちゃんねらーと相当似通ったことをしていたのである。

2003年頃までのインターネット界隈で注目すべきことは、世間では「オタク専用」と見なされていたインターネットの世界でも、アニメの存在感はそれほど大きくなかったことだ。アニメ映像のやりとりは、当時の回線には負荷が大きすぎたためほとんど行われず、共通の話題になりにくかった。「アニメ」と「ネット（サイバーカルチャー）」を融合し、美少女ゲームの二次創作を通じたコミュニティーを作るなどして今のアキバカルチャーの先駆者となった人たちは日米ともにいたが、ニッチな存在だった。そのため一口に「オタク」と言っても、2ちゃんねるやSlashdotの「おまいら」と、いわゆる「アニメオタク」はけっこう違っていた。当時、海外で「オタク」といえば、「ギーク」の意味合いが強かったのだ。

アニメとサイバーカルチャーの世界規模での融合は、ファイル共有ソフトの誕生と、その後の動画サイトの登場を待つことになる。

アンダーグラウンドな仲間意識で増殖した日本アニメ
2006：日本で光ファイバー敷いたら世界でハルヒが流行った

2000年代前半、日本は情報通信基盤整備事業を国家プロジェクトとして推進し、全国に光ファイバーを張り巡らせた。日本は韓国と並んで、音楽や動画を自由に送受信できるレベルのブロードバンドを、世界に先駆けて整えたのである。

その結果、6〜8Mbps（1MBは1024KB）のADSL回線が当たり前になった日本と、256Kbps以上をブロードバンドと称していたアメリカでは、一口にブロードバンドと言ってもまったくの別物になっていた。ここで日本は、音楽や映像、特にアニメをベースとしたサイバーカルチャーの発信力において、世界に一歩先行した。

２００３年前後は世界的に見てブロードバンドの普及初期であり、『Napster（ナップスター）』『Kazaa（カザー）』『WinMX（ウィン　エムエックス）』などのＰ２Ｐ（Peer to Peer／ピアトゥピア）技術を使ったファイル共有ソフト全盛の時代であった。このころはインターネット人口の半数以上が56ＫやＩＳＤＮを利用していたため、ファイル共有ソフトを通じて流れていたのは、数メガバイト程度の情報量の少ない音楽ファイルが主流だった。ブロードバンドがさらに普及すると、日本発のアニメ動画ファイルが、ファイル共有ソフトを通じて日本国内でも、そして海外へも大量に流れるようになる。これは、海外にいた古くからの日本のアニメファンたちにとって、とてつもないグッドニュースだった。彼らが大喜びで最新のアニメをダウンロードして視聴するようになったのは想像に難くない。

その結果、海外の日本アニメファンのうち、語学力やその手の人脈をもつ者は、ダウンロードしたアニメに自国語の翻訳字幕を付けた「ファンサブ版」を作りはじめた。そして完成したファンサブ版を、ファイル共有ソフトを通じてネットワークに放流するようになった。日本語がわからない世界のアニメファンの大多数は、これを見ていたのである。

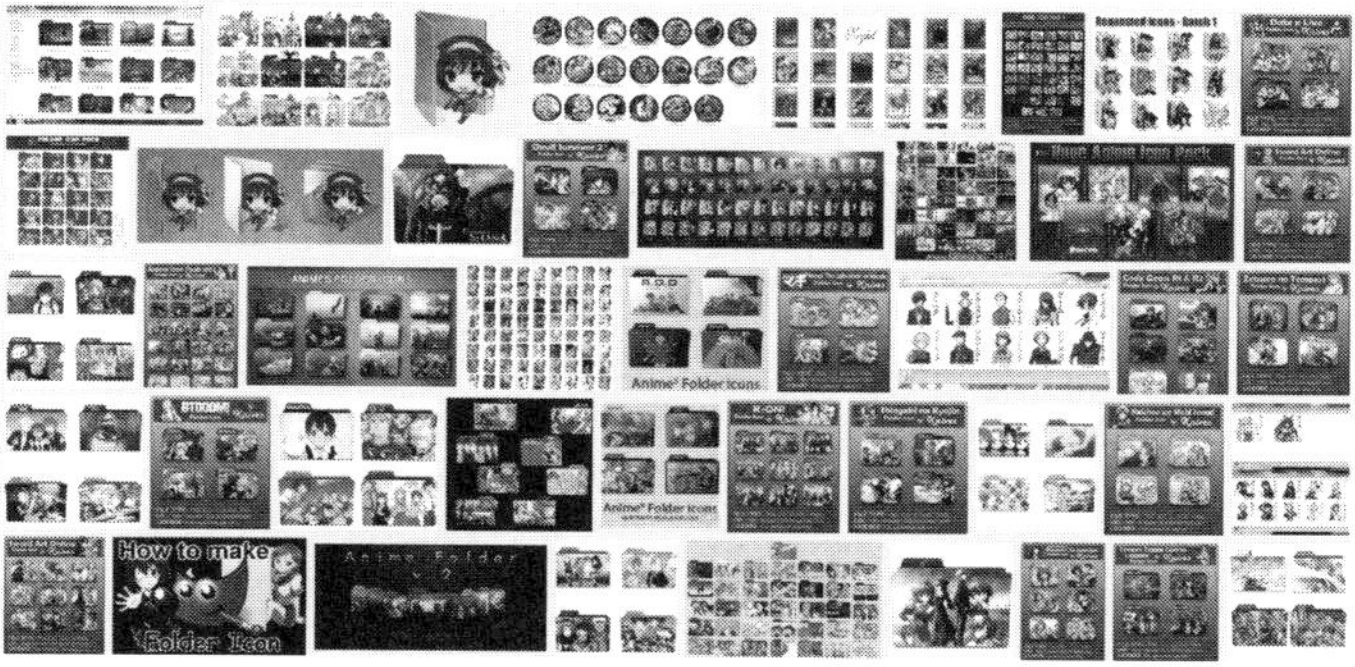

海外のアニメファンのパソコンの中に並ぶアニメのフォルダの画像。掲示板サイトやSNSで公開して自慢する者も多い。彼らは「アニメ愛」をフォルダの飾りつけの豪華さで表現し、アニメフォルダを盆栽のように何年もかけて丹精込めて育てる

一方でファンサブ版の制作者たちは、ネットワーク上で何万倍にも増える自作ファイルを見て、快感を覚えていた。その快感は「自分たちが流行を作り出しているのだ」という自負とも重なっていた。同様に、ダウンロードするほうにも、サイバーカルチャーの最先端の流行に触れているという自負があった。ともにサイバーカルチャーの「アンダーグラウンドな」「仲間意識」を軸に動いていたのである。

アニメのファンサブ版と同じ現象は、日本のマンガ、同人誌、ライトノベル、ゲームにも次々と起こるようになる。これらについては、草の根翻訳チームによる「ファン翻訳版」や「スキャンレーション版」が出回った。ゲームについては、日本語表示を英語に変更する英語化パッチ開発チー

ムがどこからともなく編成された。
　このようにして、公式には外国語に翻訳されていないはずのアニメ・マンガ・ライトノベ
ル・ゲームが、どんどん海外に広まっていったのである。
インターネット普及以前からいたアメリカの一部の古参アニメファンの存在も、インター
ネット上でのアニメの流行に重要な役割を果たしていた。
　それまでの彼らは、在日米軍関係者や旅行者を通じて日本アニメのビデオテープを何とか
取り寄せたり、それを元にしてＡＭＶ（Anime Music Video／アニメ・ミュージック・ビ
デオ）と呼ばれるアニメ映像に曲を合成した二次創作音楽ビデオを制作して上映会をするこ
とが多かった。
　２０００年代中頃にブロードバンドが整備され、アニメやゲームの映像素材を無制限に入
手できるようになると、そんな彼らの遊び方が変わった。猛烈な勢いで二次創作をしたり、
自分たちでコンテンツをアレンジして楽しみ始めたのだ。著作権問題は最大の懸念だった
が、アニメに関しては訴訟の先例も特に無かったためブレーキもかからず、二次創作物はア
ニメとは関係ないサイトまで拡散していく。
　例えば、アニメ『ローゼンメイデン』（２００４年〜）は、伝説の人形師ローゼンが作っ

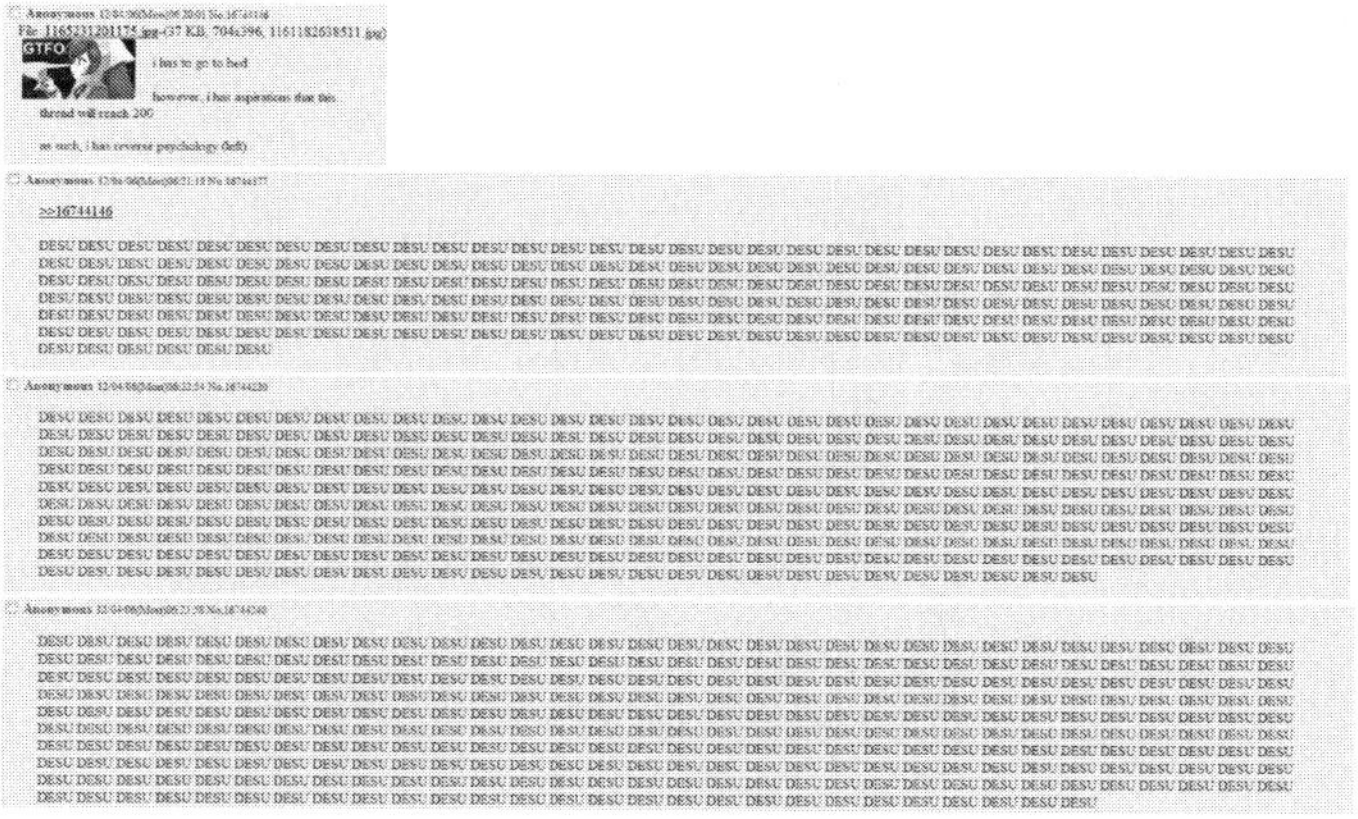

翠星石が好きな外国人ユーザーが、掲示板を“DESU”の字で埋め尽くしている様子（出典：Know Your Meme）

たとされるアンティークドールと、ドールたちと契約してマスターになった人間たちの物語だ。このアニメに登場するアンティークドールのうちの一体「翠星石《すいせいせき》」というキャラクターは、語尾に「ですぅ～」がつくのが特徴だが、世界のＯＴＡＫＵたちは、吹き替えではなくファンサブ版でアニメを見ていたため、この「ですぅ～」という日本語音声も耳にしていた。これが外国人オタクの何かを震わせた。翠星石への「愛」が高ぶるあまり、一部のファンが様々な種類のネット掲示板にひたすらに〝DESUDESUDESU〟と書き込み始めたのである。このやたらと目立つ意味不明な書き込みは模倣を呼び、あちこちのサイトの掲示板が〝DESU〟で埋め尽くされた。二次創作画像も大量に流れ、『ローゼンメイデン』はぶっちぎりの話題アニメになった。

今ではこのアニメは、世界的にファンの多い『涼宮ハルヒの憂鬱』(2006年)や『けいおん!』(2009年)と並んで強固なファンベースが出来ている。Google画像検索で「DESU」と検索すると、今でも翠星石で画面が埋め尽くされるほどだ。こうしてアニメとアニメオタクは、サイバーカルチャーの世界で存在感を増していった。

このように日本のオタク文化は、2005年前後には、インターネットを通じて多くの日本人が認知する範囲のはるか外にまで拡散した。光ファイバーを全国に敷設して情報通信産業を活性化し、国際競争力を向上させようとした情報通信基盤整備事業が生んだのは、アニメとサイバーカルチャーの融合だった。政府は予想外の方向で日本のソフトパワー強化に貢献したことになる。

カウンターカルチャーとして流行する「深夜アニメ」
2008:オトナ帝国の逆襲

アキバカルチャーの目玉コンテンツの一つである「深夜アニメ」だが、少なからぬ数の国で、その国の伝統的価値観との間に軋轢《あつれき》を生じている。主な原因は、「アニメは大人の見るものではない」という社会通念。そして『ドラえもん』や『名探偵コナン』といった深夜以外に放送される一般向けアニメと比べて、暴力的・性的描写が多過ぎるという意見である。

これらの意見は特に中高年層、保守層に多く見られる。この意見は日本国内でも多く聞かれる。

２０００年頃まで、深夜アニメは、日本においても「大きいお友達」と呼ばれる一部の愛好家だけが見るもので、非常にマイナーな存在だった。「大きいお友達」とは、本来子ども向けとされるアニメや特撮番組に熱中する大人――いわゆる「オタク」――のことで、深夜アニメの多くは彼らに向けて作られたものだった。ゆえに暴力描写や性的描写も多かったが、マイノリティー向けの深夜アニメは世間的には存在すら認知されず、そのため特別な批判の対象になることもなかった。

しかし、急速なインターネットの普及と共に認知度が高まり、視聴人口は突如として世界でも無視できないレベルに達した。これに対し、各国の保守的な層から、自然な反応として、先の価値観に基づく反発が起きている。

そもそも、深夜アニメではなく、一般向けアニメに対しても、保守層からの世界的な反発はすでに起きていた。

フランスでは'80〜'90年代に、自国でテレビ放送されていた『美少女戦士セーラームーン』『宇宙海賊キャプテンハーロック』『ドラゴンボール』が視聴率50％超を記録するなど、異常なほどの人気を集めたことがあり、これに対して「低予算で商業主義的な上に暴力的で、子どもの教育上良くない」という批判が出た。

ロシアではある心理学者が新聞で「子どもが『ポケモン』を見ていると、現実世界をゲームのように軽く捉えるようになる危険性がある」とコメントしている。同国では、２００４年の時点で、アニメーション市場における日本製アニメの売り上げ比率が40％超。しかも版権が安いという理由で暴力・性描写の多い深夜アニメを中心に輸入したため、その内容を巡っては少なからぬ論争が起きていた。２０１３年に『ＤＥＡＴＨ　ＮＯＴＥ（デスノート）』という深夜アニメに影響されたと見られる少女が自殺した際は、ロシア正教会を中心とする一派が「日本アニメの無制限な拡散を抑えるための団体を作るべし」という提言をしている。

各国の保守層のこうした批判に共通するのは、アニメは子どもが見るものという大前提のもとで、「健全な青少年教育」に論点が置かれていることだ。

しかしその一方で、10代・20代を中心にインターネットを通じたアニメとの接触は世界中で誰もが通る道になりつつあり、暴力・性描写が多くとも青年の心情を丁寧に描いた優れた深夜アニメ作品の出現ともあいまって、「アニメは子どもが見るもの」という前提が若い層から崩れはじめている。全ての議論や批判の元となっている大前提が共有されていない以上、中高年層によるアニメ批判は、若者の間では説得力を全く失っているのだ。

深夜アニメを見る若者たちは、大人や保守層に「精神的未発達」「社会的落伍者」と蔑《さげす》まれるたびに、在りし日のヒッピーと同じように、「アニメファン」としてのアイデンティティーを一層固めていった。より若い層については、オトナが否定するからこそ興味を持ち、余計に引き込まれていった。こうして、一介のサブカルだったアニメ、特に深夜アニメは、カウンターカルチャー性を強めていった。これも、韓流ドラマやハリウッド映画には起きなかった現象である。

また、アニメによる文化的軋轢が表面化し始めた２００５年前後には、海外でのアニメ視聴はインターネットで行うのが常識となり、ネットミームやサイバーカルチャーの世界に突入していた。この時点で中高年層によるアニメ批判は、説得力の欠如どころか、ネットでストライサンド効果[*13]を招くような「おいしいネタ」にしかならなくなっていたのである。そして今や、アニメはオトナが叩くほどネットで流行るのである。

動画サイトとSNSで変わったOTAKUの活動領域
2010：OTAKU PRIDE

2005年手前の時点では、世界的にはブロードバンドが普及途上だったため、30分アニメをダウンロードしようとしても2時間かかるのが日常茶飯事だった。これではアニメをダウンロードするので手一杯で、ユーザー側から何か発信しようとしても、芸術家のためのインターネットコミュニティ『DeviantArt（ディビアントアート）』などに画像を投稿するぐらいしかなかった。

しかしその後、状況が大きく変わる。動画サイトとSNSが誕生したのである。2005年、先進国ではブロードバンドによる常時接続サービスの普及率が4割を突破。動画サイトが成り立つようになり、『YouTube（ユーチューブ）』がサービスを開始した。もう日本のアニメを見るために、ファイル共有ソフトの導入や設定などの高度な知識はいらなくなったのである。

動画サイトの誕生は、アニメ本編のみならず、二次創作物や、同人活動をしているいわゆる素人の作品も、ネットミームという形で世界中に流行させるようになった。例えば2006年、アニメ『涼宮ハルヒの憂鬱』のエンディングにて、登場キャラクターたちが曲に合わ

Dance to Vocaloid Luka Megurine's Luka Luka Night Fever

Fanime 2012 Flashmob - Happy Synthesizer

アメリカのイベントにおいてボーカロイド曲で踊るファンの様子。コスプレイヤーも踊っている（出典：YouTube）

せて踊るダンス、通称「ハルヒダンス」が世界的に流行すると、これと同じ踊りを自分で撮影し、「踊ってみた」と題してYouTubeにアップロードするアニメオタクが世界中で続出した。その流行たるや、フィリピンの刑務所で囚人のエクササイズに使われたほどである。[*14]

オタク系ダンスの流行はこれにとどまらず、その後にアニメ『らき☆すた』（２００７年）のオープニング曲『もってけ！　セーラーふく』の「踊ってみた」がニコニコ動画で流行したことにより、「踊るオタク」は世界中で定着した。

「踊ってみた」の他にも、例えば、『初音ミク』に代表される『ＶＯＣＡＬＯＩＤ（ボーカロイド）』（音符と歌詞を入力すると、コンピューター音声が歌ってくれる）を使用して作った音楽や、同人サークル『上海アリス幻樂団』の作品である『東方Project』といった同人ゲームも、世界中で日の目を見るようになった。また、そこから派生した二次創作物も、動画サイトを通じて世界中に拡散した。

流行の理由は、動画や音楽は静止画や文章に比べて訴求力が強く、理解に必ずしも言語を必要としないことだ。このため、動画は特にネットミーム化しやすい。韓国人ラッパーＰＳＹの『江南スタイル』[*15]や、猫っぽい何かがニャンニャン鳴きながら星空に虹をかけて駆け続ける『Nyan Cat』（75ページ参照）のような動画ミームの世界規模での流行は、グローバルメディアでも報じられるほどだ。「踊るオタク」の出現により、英語が話せない人であっても、世界的な流行を輸出できるようになった。

一方、公式設定ではないにもかかわらずファンなら誰もが知っている「初音ミクの好物はネギ」という設定の元になった「ロイツマ・ガール」のミーム（65ページ参照）のように、海外で生まれたネットミームが、逆輸入されることも増えている。動画サイトの登場で、日本発のアキバカルチャーはボーダレス化し、日本のオタクと海外のＯＴＡＫＵは大合流した。「グローバル・アキバカルチャー」の誕生である。

動画サイトに加え、ＳＮＳの誕生も、グローバル・アキバカルチャーの流行に大きく関わっている。

ＳＮＳでは、個々人が趣味嗜好を様々なメディアを通じて自己表現できる。ここで、日本のアキバカルチャーが内包する媒体の多さが物を言った。自分なりに絵を描いたりコスプレして自撮りすれば画像コンテンツとなり、ボーカロイドで曲を作ったりカラオケでアニメソングを歌ったりすれば音声コンテンツとなる。あるいは、踊りを自撮りしたりＣＧなどの映像を作れば動画コンテンツとなる。個人がいくらでもコンテンツを作り出せ、それが世界中の人に共有されうるのである。アキバカルチャー自体が最強の自己表現ツールとなり、そのパワーは、ソーシャル・ネットワークの中で存分に発揮される。これは、韓流ドラマにもハリウッド映画にも見られない、アキバカルチャー独特の現象だ。

有名な歌い手やコスプレイヤー、ネットアイドルなどがこの代表で、彼らの映像や写真は、転載・模倣・改変を繰り返しながら世界中に拡散していく。ネットアイドルたちは、自身がネットミームになるのだ。

有名にはなれなくとも、SNSの個人ページからアキバカルチャー作品を発信すれば、同じ趣味を持つ者からなんらかのリアクションが得られることが多い。そうした交流を重ねることで、実際に会うことにも抵抗が無くなり、地域限定系やイベント系のコミュニティーのOFF会で現実に対面する人も多い。そうなると、リアルな人間関係にもアキバカルチャーが入ってくる。彼らにとって、アキバカルチャーとは、もはやライフスタイルそのものである。

ここまでくるとOTAKUとは単なる個人の趣味ではなく、社会集団として定義できる。マルコムXやキング牧師の時代、黒人の地位向上運動の一環として〝Black Pride(ブラックプライド)〟というスローガンが使われた。これと同じ構図で、自らを一つの社会集団と定義するOTAKUたちは、その趣味を公言し、OTAKUコミュニティーに身を置くことにアイデンティティーを見出し、〝OTAKU Pride(オタクプライド)〟を叫ぶ。そんな人たちが世界中に現れている。こうしてアキバカルチャーは、サイバーカルチャーを基本軸として、全世界に広がる巨大な文化圏を築くに至ったのである。これが今、世界で流行する「グローバル・アキバカルチャー」の本質である。

「グローバル・アキバカルチャー」の矜持《きょうじ》

サイバーカルチャーが育む仲間意識と未来

ここで一度、これまでの流れをまとめよう。

後にグローバル・アキバカルチャーの拠点となるインターネット空間には、誕生当時から「カウンターカルチャー」と「仲間意識」を特徴とする、サイバーカルチャーという文化があった。１９９０年代後半には、この文化圏は日本のゲームと共に育ったギークたちが先導していた。

その後のブロードバンドの整備にともない、アンダーグラウンドな仲間意識を軸に、日本のアニメは世界中に波及する。そのアニメに、海外のギークや古参のアニメオタクたちが飛びつき、彼らの二次創作の手が入るようになる。

さらに動画サイトやＳＮＳの登場により、一般人の動画や二次創作物のような商業以外の日本コンテンツも注目を浴びるようになり、ギーク、ゲーマー、アニメオタク、コスプレイヤーと、様々な人たちが集まる「グローバル・アキバカルチャー」という全世界規模の文化圏が生まれた。

この流れを主導したのは、国の政策でもアニメ・ゲーム業界でもなく、アンダーグラウンドな仲間意識を特徴とするサイバーカルチャーだ。

そして今、この文化と共に育った世代が社会に進出し始めている。

【注】

＊6 Jakub Macek, Ph.D, 2005, "Defining Cyberculture", http://macek.czechian.net/defining_cyberculture.htm

＊7 コンピューターや技術に詳しい一方、社交性が低いとされた人。やや侮蔑的なニュアンスがある。ただ、このニュアンスもインターネットの普及と共に変わりつつある。

＊8 2000年ごろには、「2ちゃんねる」に犯罪予告を書き込む「ネオむぎ茶」（西鉄バスジャック事件）や「ラットキラー」（新宿ナイフ人質事件）といった者たちが現れる。2010年以降はハッカー集団「アノニマス」によるサイバー攻撃などが目立つようになった。

＊9 Fred Turner, 2006, "From Counterculture to Cyberculture", The University of Chicago Press

＊10 Pew Research Centerによる800人の子どもと2252人の成人（18歳以上）から集計された、インターネット利用に関する調査結果。
http://www.pewinternet.org/Infographics/2010/Internet-acess-by-age-group-over-time-Update.aspx

＊11 ネット上で次から次へと転載される文章、画像、音声や動画。ミーム動画はウイルスの様にサイトからサイトへと拡散していくことから、英語ではViral videoとも呼ばれる。ミームという言葉自体は、オックス

フォードのリチャード・ドーキンス博士が、彼の著書『利己的な遺伝子（The Selfish Gene）』で提唱した。

＊12　AAの表現力は、「2ちゃんねる」の「AA長編板」や「顔文字選手権大会」からも見ることができる。これらはアジア圏に輸出されて定着した。日本の顔文字は"Eastern Emoticons"として世界で広く紹介され、欧米圏での顔文字（smiley）と比べて圧倒的に高い表現力を持っていることで注目を集めた。

＊13　ある情報を批判したり除去したりしようとすると、インターネット上で注目を浴びて、逆にその情報を拡散させてしまうこと。アメリカの歌手であるバーブラ・ストライサンドが、自分の邸宅が写っていたネット上の画像の削除を求めて裁判を起こしたことで、その画像が意図に反して猛烈な数のアクセスを招いてしまったことから。

＊14　動画　https://www.youtube.com/watch?v=I9Zhna4WFJ4

＊15　動画　https://www.youtube.com/watch?v=9bZkp7q19f0

第2章 サイバーカルチャー・フロンティア

日本で発表されたアニメやマンガのキャラクターが一部改変・創作され、世界のネット上で「ミーム」として拡散されていく。こうしたミームの人気が、原作の人気を押し上げる「逆転現象」も起きている。一方では、世界のOTAKUたちが「反体制」を掲げ、ネットの力を使って、リアルの政治や社会を大きく変えていくような、まさに「歴史的な現象」さえ起こり始めているのだ。

ハッカー集団「アノニマス」をあらわすシンボル画像

アキバカルチャーの真の最前線
韓流・ディズニー・ハリウッドと何が違うのか

日本のオタク文化が世界中に広まったのは、インターネットの普及によるサイバーカルチャーの勃興《ぼっこう》に相乗りしたためだということは、前章で説明したとおりである。

日本のアニメやマンガなどが世界中で人気となるにあたり、その過程で必ずファンによる二次創作やコラージュ画像のネット上での大量流通、いわゆる「ネットミーム化」が起きる。ミーム化したものは「ネット越しの仲間意識」によって瞬時に世界へと広まっていく。

このような「ネット越しの仲間意識」をベースとする流行は、ハリウッド映画や韓流ドラマでは一般的ではなく、日本発のアキバカルチャーの際立った特徴となっている。これは、グローバル・アキバカルチャーの担い手の大多数がインターネットのヘビーユーザーで、サイバーカルチャーという文化を共有しているためだ。

では、日本発のアキバカルチャーの中でも、どんなものが世界のファンたちの琴線に触れてミームとなっていくのか。ここでは「グローバル・アキバカルチャー」の最前線を紹介することで、その雰囲気と、彼らが求めるものが「何」なのかを見ていきたい。

初音ミクがネギ大好物なのは誰のせい？

日↓露↓米↓日↓米↓全世界：国境無きネットミーム

ミクの好物はネギである。少なくとも、ファンの間ではそういうことになっている。

前章でもふれたとおり、初音ミクは、2007年にクリプトン・フューチャー・メディア株式会社が販売を開始した、歌声合成ソフトならびにそのパッケージキャラクターの名称である。愛らしい歌声と緑色の長い髪をツインテールにした華奢《きゃしゃ》なビジュアルの歌姫は、バーチャル・シンガーとして日本の在野の音楽クリエイターたちを大いに刺激した。動画サイトには、ミクが歌う曲として10万曲以上が投稿され、そのうちの有名曲は今や若者がカラオケで歌う定番曲となっている。

このミクだが、これまでに何度か述べているように、好物はネギである。このことはファンの間では周知徹底されていて、ミクが行うライブイベントでも「生ネギ持ち込み禁止」の注意が出されるほどだ。ただし、クリプトン社の公式設定に、そのような記載はされていない。なのに、どうして「ミクの好物はネギ」ということになったのか。もう一度詳しくみてみよう。

その元は、「Loituma Girl（ロイツマ・ガール）」というネットミームである。[*16] このミームは２００６年頃、英語圏で流行していたものだ。

死神になった高校生・黒崎一護《くろさきいちご》とその仲間たちの活躍を描くアニメ『ＢＬＥＡＣＨ（ブリーチ）』の第2話には、ヒロインの井上織姫《いのうえおりひめ》がネギを振り回すシーンがある。

これを見た「g_r_e_e_n」というロシアのブロガーが、フィンランドの『Ievan Polkka（イエヴァン・ポルッカ）』という民謡をつけたｆｌａｓｈアニメを制作し、インターネット上で公開した。

ポルカ独特のリズムにあわせて少女がネギを振り回す奇妙な動画は「中毒性がある」としてたちどころに転載され、アメリカ版2ちゃんねるである4chanで大流行。民謡を歌っていたのは「Loituma（ロイツマ）」というフォーク・カルテットだったため、このflashアニメは「Loituma Girl」として知られることとなった。ここまでは「Loituma Girl」のミームである。

翻《ひるがえ》って日本国内、このミームを「Otomania」という日本のボーカロイド音楽の作曲者が、ミクに歌わせて、ミクのネギ振り動画を合わせた。動画は「たまご」というイラストレーターに依頼したものである。こうして「ＶＯＣＡＬＯＩＤ２ 初音ミクに『Ievan Polkka』を歌わせてみた」という動画ができた。[*17] これがニコニコ動画を中心に大流行し、これもまた一つのネットミームとなった。そんな流れで、まず日本国内で「ミクとネギ」が定着したのだ。

日本で「ミクの好物はネギ」が定着すると、それを元にまた画像や動画や音楽が作られ、YouTubeなどを通じて海外に広まった。ネギが無い国では、西洋ネギの「リーク」と認識され、世界的に「ミク＝ネギ（leek／リーク）」の設定が出来上がったのだ。

サイバーカルチャーの世界では、「おもしろい」とされた画像・動画がネットミーム化することがよくあるが、そのミームに新たなミームが加えられ、二次創作ならぬn次創作へと変化していくのもまた特徴だ。「ミクとネギ」の関係からは、言語の壁にお構いなしで広がるネットミームに乗って広がる日本製オタクコンテンツの姿がよく見える。

「ミクとネギ」のミームが発生したニコニコ動画の動画（出典：ニコニコ動画）

Nice boat.
とある美少女アニメが放送自粛で得た世界的知名度

もうひとつ、日本製オタクコンテンツが世界的なネットミームとなった例を挙げてみよう。"Nice boat.（ナイス・ボート）"は、日本のアニメ『School Days（スクールデイズ）』の代名詞となったネットミームである。この作品は、オーバーフロー社が制作した同タイトルのアダルトゲームが原作で、エンディングが非常にショッキングなことで有名だった。アニメ化が決まったときは、「ゲームのショッキングな結末は、アニメではどんな凄惨なものになるのか」と外国人を含むアニメオタクたちの間で妙な期待をかけられたほどだ。

２００７年の7月から独立ＵＨＦ局などで放送が始まったアニメは、9月中旬には11話まで放送され、残すところは最終回の第12話のみとなっていた。ところが、9月18日に、16歳の少女が警察官である父親を斧で殺害する「京田辺警察官殺害事件」が起きた。そのため、同様の「少女による殺人」が含まれていた『School Days』の第12話が急遽《きゅうきょ》放送自粛となったのだ。

予定されていた放送時間には、「都合により、番組を変更してお送りしています」というテロップとともに、ノルウェーのフィヨルドを航行するフェリーボートの映像が流された。

『School Days』第12話の代わりに流されたフェリーボートの映像（出典：YouTube）

これがファンたちの「12話で何かすごいことが起きる」という期待を裏付けることになり、2ちゃんねるなどの掲示板サイトで日本のアニメオタクたちが大騒ぎすることとなった。

そんな中、海外の画像掲示板4chanに貼り付けられた例のフェリーボート画像を見つめる、一人の冷めたユーザーがいた。彼が掲示板に放ったのが"Nice boat."の一言である。これが、放送中止騒動で周囲が荒れる中での「クールな反応」として、即座に流行してしまったのだ。

2ちゃんねるや世界中のアニメ関連掲示板サイトでは、"Nice boat."という書き込みが連投された。『School Days』を知らなかった者も、突如として氾《はん》濫《らん》し始めた"Nice boat."の書き込みによって、このアニメの存在を知ることとなった。

結局、最終話はしばらくしてから、血の色を赤から黒に編集するなど視覚表現を和らげたバージョンが、一部のアニメ専門チャンネルで放送された。

ところが、この最終話の凄惨さがファンの予想を上回っていた。主人公の高校生・伊藤誠は、はじめは奥手で純情な少年だったが、いつしか学園内のさまざまな女生徒と手当たりしだいに肉体関係を持つようになる。これだけでも世界各地でレーティングをつけるなら、間違いなく「子どもは視聴不可」となるだろう。

加えて、最終シーンでは、誠を熱狂的に愛するヒロインの桂言葉《かつらことのは》が、恋敵の体内を切り裂き、誠の子どもを妊娠していないことを確認してから「中に誰もいませんよ」という衝撃的な台詞を放った。この台詞も、また一つのネットミームとなった。極めつけに、最終シーンには、本当にボート（ヨット）が登場した。放送されたらされたで、放送中止時と同じぐらい話題となったのだ。

『School Days』はストーリーやアニメとしての面白さという点では、あまり評価は高くなかった。しかし、「Nice boat.」と「中に誰もいませんよ」というネットミームを立て続けに発生させ、話題作となった。一般的に、アニメやマンガがネットミーム化する場合、まずは作品そのものの知名度が高いことが前提で、そうした作品の中から面白いシーンやキャラクターが抽出されることが多い。ところが、『School Days』では、先にネットミームが発生することで知名度が上がるという、ある種の逆転現象が起きた。

放送から既に数年が経つが、世界のアニメファンの間では、未だに「Nice boat.」は、『School Days』と「女たらし男の末路」や「流血のエンディング」を意味する共通語として認識されている。

河蟹你全《ホーシエニーチュエンジャー》家！　グリーンダム娘
中国ネット検閲 vs. サイバーカルチャー

2009年5月、中国国内で生産・使用されるパソコンすべてに、「緑壩《リューパー》・花季護航《ホワチーフーハン》」（英語名：Green Dam Youth Escort／グリーンダムユースエスコート）というソフトのインストールを義務付ける発表がなされた。

このソフトは、表向きは、中国の将来有望な青少年を「有害コンテンツ」から守るものとされていた。ところが実際はただの検閲ソフトで、「青少年教育に有害」とされた禁止ワードリストには「人権」「民主」などの政治的な言葉が含まれている上に、豚の画像をポルノ画像と誤検出するほどお粗末なものだった。

そんなソフトを強制インストールしようとする政府の動きに対し、中国のネットユーザーは猛反発した。彼らがとった反抗的行動の一つが「インターネット上での、擬人化による風刺」である。表立って反対意見を書き込んでも、検閲されて書き込みを削除されるのがオチなので、粗悪ソフト・通称「グリーンダム」を萌え擬人化してみせたのである。

擬人化の際の基本設定には、ソフトにちなんで、以下のようなものが盛り込まれた。

・ドジっ娘《こ》である（豚の写真をポルノ画像と間違えることから）
・緑である（検閲ソフトの名前から）
・戦闘力は４０００万（開発費が４０００万元だったことから）
・蟹の柄が入った帽子を被っている（検閲により書き込みが強制削除されることを、北京語のネットスラングで「和諧」と言う。「和諧」と「河蟹」が、同音のホーシエ［he xie］であることから、「強制削除」「発禁」の意味で河蟹のマーク）
・醤油のバケツを持っている（中国語の「打醤油」から。本義は「醤油を買う」だが、ネットスラングでは「政治には関わらない」という意味）

注目すべきは、その擬人化された画像が明らかに日本のマンガ・アニメのスタイルだということだ。のちにキャラクターソングも生まれたが、この『緑坝《リューパー》緑坝《リューパー》★河蟹你全家feveR.』にいたっては、日本の有名なボカロ曲『ルカルカ★ナイトフィーバー』の替え歌で

グリーンダム娘のキャラクターソング『绿坝绿坝★河蟹你全家feveR.』の動画画像
（出典：YouTube）

『绿坝绿坝★河蟹你全家feveR.』
曲：SAM　歌詞：茶茶丸（初出）
勝手に日本語訳：elielin

河蟹你全家☆
（一族郎党発禁してやんよ☆）

太多和谐糟糕的网站
（禁ずべきエッチなサイトが多すぎで）
雷倒青少年一片一片
（堕ちてしまった青少年は数え切れない）
内涵图片到处疯传
（下品な画像は狂わせるほどネットに流れていて）
工口视频漫画飞满天
（エロ動画とマンガは溢れかえってる）

【中略】

花季要护航　无敌绿坝娘
（花盛りの年頃だから守ってあげないと　グリーンダム娘は無敵さ）
河蟹猖狂　功能强
（発禁モノも手強いけど　うちだってハイパワー）
硬盘给你屏蔽扫荡
（ハードディスクをも遮断してスキャンして削除よ）
不管你怎么藏
（どんなに隠そうとしても）
此信息不良　已被屏蔽光
（「この内容は有害情報が含まれてます」とすべて遮断済みよ）

（出典：http://d.hatena.ne.jp/elielin/20090624/p1）

ある。[*18]

ここまで来ると、グリーンダム娘のコスプレイヤーがアニメ関連イベントに現れるという、アキバカルチャーではお決まりの現象も起きた。これらのことは、中国のインターネットユーザーの間に、日本のアニメやマンガのみならず、コスプレや音楽の二次創作文化までもが浸透していることを物語っている。

グリーンダム娘がネットミーム化し、世界に広まっていくにつれ、検閲ソフト自体を巡る批判や議論も制御不能なほど拡大し、ついには海外メディアに取り上げられた。そして注目を浴びすぎた結果、ソフトウェアの盗用が明るみに出て、中国政府と中国ソフトウェア企業は、著作権侵害でアメリカの企業に提訴されてしまう。結局、この検閲ソフト強制インストールの計画は頓挫《とんざ》し、その後は何も聞かれなくなった。中国のオタクたちのネット越しの連携が、結果として体制側に勝利したのである。

こうしてグリーンダム事件は幕引きとなった。だが、グリーンダム娘はその後も中国共産党の検閲を象徴するバーチャル・アイドルとして知られ続けている。アキバカルチャーはさておき、グリーンダム娘は、サイバーカルチャーと検閲が水と油であることを再確認させてもくれる。

紫の砂糖つきクッキーに挟まれながら虹色の尾を引いて宇宙を飛ぶ猫

1億再生、世界一有名なボーカロイド曲の裏側

インターネット上で話題になる「萌え」のひとつに、「ねこ画像」ならぬ「ぬこ画像」がある。[*19]

これは英語圏の掲示板でも同じで、投稿される猫の加工画像は総じて「lolcat（ロルキャット）[*20]」と呼ばれている。例えば、猫に格闘ゲーム『ストリートファイター』シリーズに登場する攻撃技のひとつである「昇龍拳」の格好をさせてみたり、穴の開いた天井から顔を覗かせてみたり（CeilingCat）、掲示板に超縦長画像として居座って他のユーザーに延々とスクロールさせたり（Longcat）するものがその代表格である。

猫がネット空間で特別な地位を占める中、2011年にはまったく意味不明であり、とてつもなく「お馬鹿」であり、かつ驚異の伝染力を持った『Nyan Cat（ニャンキャット）』という猫動画が現れた。[*21] これは、紫の砂糖つきクッキーに挟まれながら虹色の尾を引いて宇宙を飛ぶ猫の動画で、

♪「にゃーにゃにゃにゃにゃーにゃにゃにゃにゃにゃにゃにゃにゃにゃにゃにゃにゃにゃ……（1696回？

【上】DaniwellPによる原曲（出典：ニコニコ動画）／
【下】『Nyan Cat』（出典：YouTube）

の「にゃ」）

という歌詞のボーカロイド曲が流れているだけのものである。これが、なんとYouTubeで1億再生を突破したのである。

『Nyan Cat』を挟む「紫の砂糖つきクッキー」は、アメリカのケロッグ社が製造販売するポップタルトというお菓子で、このため『Nyan Cat』は「Pop-tart Cat（ポップタルトキャット）」と呼ばれることもある。このポップタルトに挟まれているのがなぜ猫なのか、その猫がなぜ宇宙を飛んでいるのか、なぜ虹色の尾を引いているのかなどは謎である。しかし、この動画は大流行し、様々な派生動画が作られ、あちこちの掲示板に転載された。

この作品がいかにもアキバカルチャーらしいのは、たくさんの人たちの手による改変を経てきたことだ。例えば、背景に流れる曲のオリジナルは、「DaniwellP」という日本のボーカロイド作曲者が初音ミクで制作した『Nyanyanyanyanyanya!』である。ただし、動画『Nyan Cat』で使われている音源は、別のボーカロイド作曲者「ももいろP」が、歌声合成ソフトUTAUで制作したものだ。この音源に、アメリカ人の「PRguitarman」がアニメGIF画像をつけて、『LOL-COMICS（ロルコミック）』というサイトで発表した。このGIF動画を、『Nyan Cat』としてYouTubeに投稿したのは、「saraj00n」というまた別の投稿者である。

こうしてあちこちの人たちの間でコンテンツがいじり回され、予測不可能なコンテンツ合成の末に完成したのが『Nyan Cat』である。このような経緯から著作権では揉めたようだが、スマホアプリが制作され、グッズ展開もされた。

「ミクとネギ」は二次創作の輪、"Nice boat."は衝撃の展開をしたアニメ、「グリーンダム娘」は政治的背景といった具合に、流行の背景がそれぞれ説明可能だ。しかし、『Nyan Cat』が流行した理由は「まったく意味不明」である。にもかかわらず、これが最大級のネットミームなのである。ネットの海は広大すぎる。

ANIMEとサイバーカルチャーのロンド
DVD売上高でも視聴率でも計れない、アニメ人気の真の姿

日本でも海外でも、深夜アニメの流行の大部分は、インターネット上で起きる。ここでのキーマンは、放送前からアニメガイドを制作しているアニメファン、放送後に動き出す翻訳チーム、そしてミームを作り出す二次創作者である。海外でのアニメ人気の最先端にいる彼らは、サイバーカルチャーの論理で動いている。そのため、アニメの流行もサイバーカルチャーの論理で動く。

日本では通常、放送の1年から半年前にアニメの制作が発表される。放送まであと2ヵ月ぐらいになると、タイトルと放送局が決まり、街頭広告やTV、雑誌での広告が行われる。しかし海外では、アニメ専門チャンネルを除き、マス広告はあまり行われない。その代わりに動き出すのが、『Anime News Network（アニメニュースネットワーク）』のようなアニメ情報サイトとファンたちである。

まず来期放送予定のアニメを一枚の画像にまとめた「アニメチャート」が、掲示板サイトなどに出回り始める。これはファンが勝手に作ったものだ。このチャートが大手掲示板サイ

トにアップロードされると、閲覧者たちの手によって1時間以内に他のサイトへ拡散される。そして各サイトにて、さらに大勢の人たちが来期放送予定のアニメを知る。

特にコアなファンは、アニメチャートを作ったり拡散したりするにとどまらない。声優、脚本家、アニメスタジオの一挙一動を追いかけ、ブログなどで情報を流すのだ。


アニメの放送や配信が始まると、放送後1日もたたないうちに、録画されたアニメがP2Pや動画サイトで〝raw version（ロー・バージョン／「字幕無し」という意味）〟として流れ始める。定番の違法アップロードである。すると、英語、スペイン語、中国語のファンサブチームが動き出し、それぞれのファンサブ版も流れ始める。ポーランド語など、話し手の数が比較的少ない言語でもすぐにファンサブ版が現れるのは興味深い。一部のファンサブグループは公式サイトを持っており、翻訳の手引きすら公開している。ロシアのようにSNSが発達している国では、SNSの動画シェア機能が主な視聴ルートになることもある。

もっともファンサブ版の流通までは、程度の差こそあれ、韓流ドラマでも日本ドラマでも起きることだ。アニメがサイバーカルチャーと一体化した存在として、ユニークな動きを見せるのは、この後である。

まず、ファンサブ版自体が、企業の公式配信とは違った趣向で作られる。例えば「お姉さま」という台詞があれば、公式配信では“Big sister”と訳される。しかし、ファンサブ版では“onee-sama”と、アニメオタクが内輪で使う言い回しがあてられる。「おはぎ」や「たい焼き」のような、日本独特のものが登場するシーンや、オマージュやパロディーのシーンでは解説が付いたりする。タイトルロゴも外国語版に改変されることもある。つまり、ファンサブ版は、みんなで動画をいじくりまわして遊ぶという、あたかもニコニコ動画のような場になっている。

放送が終了してファンサブ版の流通が一巡すると、今度は『Crunchyroll（クランチーロール）』や『MyAnimeList（マイアニメリスト）』のようなアニメサイトとSNSで最新話の情報交換が始まる。最初のうちは純粋に感想を語り合ったり、わかりにくい部分について教えあったりしている。それも一巡すると、ユーザーたちはネタに走り始め、アニメの派生コンテンツが流れ始める。

よくある例としては、面白いシーンを切り出して一言キャプションを加えたミーム画像（おもしろ画像）がある。そして少し遅れて、手が込んだ二次創作画像がDeviantArtなどの画像投稿サイトに現れる。このように、あるアニメが「ネットで人気」というのは、すなわち「ネットミーム化している」ことだと考えてよい。

この手のミーム画像は、ＳＮＳや前述の掲示板サイト、もしくは『Know Your Meme（ノウ　ユアミーム）』のようなまとめサイトで見ることができる。ただし閲覧の際、「職場で見ちゃダメ」を意味する「ＮＳＦＷ（Not Safe For Work）」の警告が付いている画像は気を付けたほうが良い。おそらくアダルトな改変がされている。

この後、ミーム画像はふるいにかけられる。アニメ系のミーム画像は、遭遇した人がそのアニメを見ており、その面白さがわかれば転載される。一方、見ていない人からは「意味がわからない」として無視される。このような取捨選択が大規模サイトでは毎時１０００回から１万回繰り返されるため、流行るか流行らないかの結果が瞬時に出る。そして放送開始から３週間ぐらいで、作品ごとの話題性の差が完全に分かれてしまう。

ところが時折、「一発ネタ」がネットミームを生み、話題性の順位がひっくりかえることもある。最終回が作品の話題性を「伝説」レベルにまで昇華させてしまった前述の『School Days』がその例である。アニメ画像がネットミーム化する理由はまちまちで、予想もしないものがミーム化することも多い。だが、流行するミームは「転載を促す何か」を持っている。

ファンサブ版で流通した『進撃の巨人』のワンシーン。天然キャラ、サシャが、訓練兵団入団式の真っ最中、教官の前でふかし芋を食べるシーン（出典：Know Your Meme）

上のシーンで世界的に「Potato Girl」として知られることになったサシャのミーム。イキイキと芋とたわむれるサシャの画像が世界中から投稿された。こうしたミームの拡散が『進撃の巨人』を世界的ヒットに結びつけたとも言える（出典：Know Your Meme）

まず『けいおん！』や『進撃の巨人』（２０１３年）のように、そもそも人気が高いアニメはネットミーム化しやすい。これは純粋にミーム画像が認知されて共有される確率が高いためだ。このような作品では二次創作画像も多く出回るため、さらにネットミームが勢いづく。この手の画像は何の脈絡もなく投稿されても誰かが反応するため、気が付くとスレッド全体がミーム画像ギャラリーになることもある。

「画像一枚でコミュニケーションができる」という汎用性の高いものもネットミーム化しやすい。『境界の彼方』（２０１３年）というダークファンタジーアニメのヒロインの口癖は「不愉快です」で、この口癖が共感を呼んだのと、外国人に音の響きがウケたらしく、〝FUYUKAI DESU〟というフレーズが独り歩きを始めた。そして、アニメ関連サイトなどで不快な書き込みをする人に対して、『境界の彼方』の画像で返事がされるようになった。スマホのインスタントメッセンジャーのように、ユーザーが画像で会話するのである。

内容がきわどいアニメからもミームが生まれることがある。過激なものほど好んで盛り上げるのは、カウンターカルチャーの「お約束」である。例えば『未来日記』（２０１１年）というアニメでは、ヒロインが病的な恋愛感情を持つあまり、主人公に危害を加えようとする者を無差別に殺戮《さつりく》する描写がある。そしてこれを題材にしたミームも生まれている。このミームはアニメのキャプチャ画像や静止画制作では満足せず、劇中の服装で実際にポーズをとるコスプレイヤーも現れている。

このように、何万人ものファンたちが、他のファンを意識しながらコンテンツに手を加えて共有することにより、作品の人気が盛り上がるのである。このようなネット越しの仲間意識をベースとする流行は、ハリウッド映画や韓流ドラマではほとんど見られない。しかもこれが、単発のネットミームや流行で終わるのではなく、継続的に起こるのである。アニメ単体ではなく、アニメを取り巻く一連のファン同士のコミュニケーションと創作活動の連鎖も、国内外を問わず、グローバル・アキバカルチャーの重要なコンテンツだ。

制御不能なアキバカルチャー拡散装置

4chan：「英語圏の2ちゃんねる」の衝撃

アキバカルチャーの世界的流行を考える上で、「無視したいが無視できない」、巨大なインターネットコミュニティーが存在する。

4chanは、2003年に米国ニューヨーク州に在住していた15歳の少年、ハンドルネーム「moot」が作った画像掲示板サイトだ。記名式がメインである欧米では珍しく、ログインもパスワードもない匿名掲示板であり、日本の2ちゃんねる同様、メディアで報道されるよう

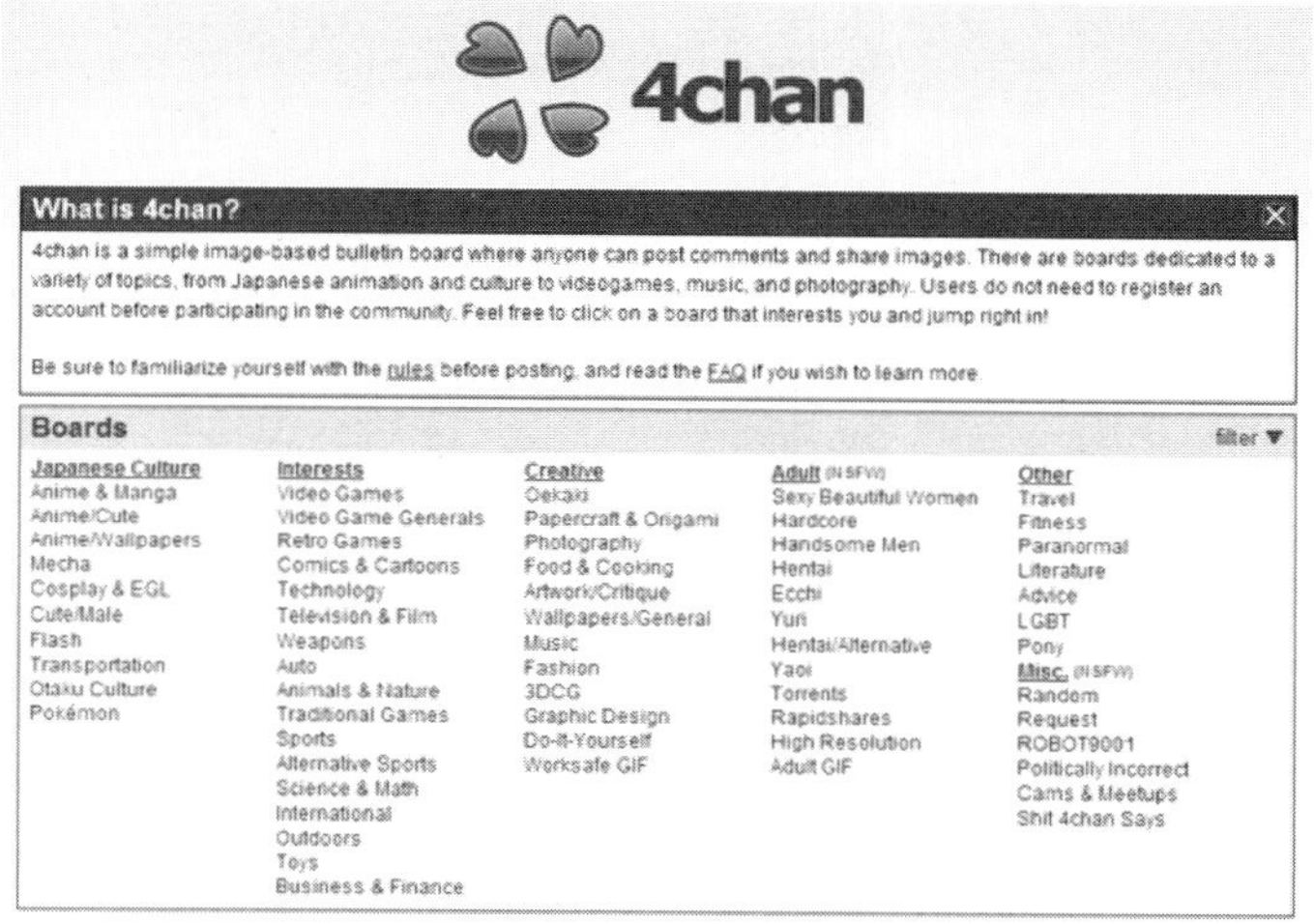

4chanのトップ画面。左の方にアニメ・マンガ系が集中している。各リンク先に飛んだときに出てくる“NSFW”とは、Not Safe For Workの略で、「職場で見るな！」と言っている。猟奇・エロ・グロ画像がありそうだから注意しろという意味である

な騒動を起こしては何度も閉鎖の危機に瀕し、それでも拡大を続けながら現在に至っている。

4chanが特異なのは、匿名であることに加えて、ログが残らないことだ。4chanの一部の板では、スレッドの平均寿命が、なんと3分54秒しかない。[*22] もはや掲示板サイトというよりも、不特定多数とのリアルタイム雑談をするチャットルームと呼んだほうが適切だろう。

中でも、4chan内の「/b/板」は、2ちゃんねるを上回る「なんでもあり」の無法地帯として知られて（恐れられて）いて、そこへの書き込みは、罵倒や卑語だらけ。投稿される

画像も、エロ、グロに加え、児童ポルノや猟奇画像が紛れ込んでいるといった具合だ。ログの残らなさが、「なんでもあり」にさらに拍車をかける。まるで初期の2ちゃんねるだ。

この「/b/板」は、「(サイトを見て)勝手に心象を悪くする方が悪い」「釣られた方が悪い」という究極の自己責任を価値観のベースにしている。そのため、サイト上でどんなことをしても"just for da lulz(面白そうだったからｗｗｗ)"で片づけられる風潮がある。いかなる良識や権威が批判しようとも、まるっきり「のれんに腕押し」なのだ。この滅茶苦茶でアナーキーな無法地帯について、英国の左派の有名新聞である『The Guardian(ガーディアン)』は、「狂っていて、子どもじみていて……面白おかしく、そして何か、これでいいのかと思わせる」と評している。[*23]

4chanが無法地帯であることは、ユーザーも運営側も認識している。というより、mootをはじめとする運営側が"No rule rule(なんでもあり)"を貫くことで、それを運営方針の中核としている。そんな4chanの文化は、インターネット以前から脈々と続く「カウンターカルチャーとしてのサイバーカルチャー」そのものだ。「世間の良識」からかけ離れた行いを繰り広げる4chanユーザーたちだが、こうした行動は、サイバーカルチャーの立場から見れば実は伝統的で保守的なのである。

そんな4chanがなぜ「日本発のアキバカルチャーの拡散装置」たりえるのかといえば、そもそもこの掲示板は、mootがアニメについて語り合うために、日本の画像掲示板『ふたば☆ちゃんねる』に倣《なら》って作ったもので、今でも4chanの4分の1は、アニメ・マンガ・ゲーム・二次創作など、アキバカルチャー関連で構成されている。ちなみに、ふたば☆ちゃんねるは、2ちゃんねるの避難所として2001年に設立されたものだ。[*24]

残りの4分の3は「スポーツ」「科学と数学」「音楽」「車」といった板で、オタクたちが集まっているわけではないが、そこにも恒常的にアキバカルチャーを題材としたネタが流れ込んでいる。また、例えば普段スポーツ板に出入りしている人がアニメに興味を持ったとしたら、すぐ近くのリンクをクリックすれば、いつも使っている掲示板と同じ要領でアニメ最新情報へアクセスできる。いつでもすぐに「アニメオタク」になれるのである。

4chanで渦巻く動画・画像・文章は、4chanが発するネットミームという形で、次々と外へと飛び出していく。その実例は、「ロイツマ・ガール」「Nice boat.」「翠星石のDESUDESUDESU」と枚挙に暇《いとま》が無い。また、世界各国には"chan-board"と呼ばれる4chanの類似サイトがあり、例えば、ドイツ語圏では『krautchan（クラウチャン）』、ロシア語圏では『dvach（ドヴァーチ）』、スペイン語圏では『nido（ニード）』が相当する。[*25]これらの4chan類似サイトは立ち上げや閉鎖を繰り返しているため、おそらく個人サイトである。いずれにもアニメ板などの日本関連の掲示板が完備されおり、4chanで流行したネットミームは各国のchan-boardへ、そして世界へと拡散されていくのだ。

2ちゃんねるからアラブの春へ

世界史に名を残す「名無し」さん、「アノニマス」

サイバーカルチャーの特徴である、反抗心とネット越しの仲間意識を最も体現しているのが「アノニマス」だろう。

アノニマスとは、とあるハッカー集団の呼び名だ。アノニマスという名前の直接の出元は4chanの「名無し」である。4chanの手本となった日本の2ちゃんねる系掲示板サイト「ふたば☆ちゃんねる」では、投稿者名を空欄にしたまま書き込むと、「名無し」と表示されるようになっている。これを4chanの創設者であるmoot少年が「Anonymous（アノニマス）」と訳したのだ。

4chanでは投稿者の半数以上が、匿名で書き込みをする。そのため、見ようによっては書き込みの多くがアノニマスという同一人物の投稿に見え、「アノニマスという人は超暇人で、4chanにものすごい数の投稿を一日中し続けている」というジョークが流れるようになった。すると、本当にアノニマスを名乗る集団が現れた。

ただし、彼らは実際に徒党を組んでいるわけではなく、組織にはリーダーもいない。政治的・思想的動機でハッキングやクラッキングなどを行う個人、もしくは団体がアノニマスを自称するのである。

アノニマスが起こした事件としては、「反サイエントロジー運動」「アメリカ外交公電ウィキリークス流出事件」「ＣＩＡ公式サイトクラッキング事件」「メキシコ麻薬組織への報復脅迫事件」「プレイステーションネットワーク個人情報漏洩事件」などが有名だ。小規模なものを含めると、メディアに報じられたものだけでも、その数は軽く１００を超える。

アノニマスをあらわすシンボル画像。下の特徴的なマスクの画像は、映画『Vフォー・ヴェンデッタ』から

彼らがどんな政治的・思想的背景で動くのか、例としてわかりやすいのが「反サイエントロジー運動」だろう。

きっかけとなったのは、２００８年にアメリカに本部を置く宗教団体・サイエントロジーが内部で使用した動画が流出したことだ。YouTubeにアップされた動画の内容は、教団内部に向けたメッセージであり、そこにはサイエントロジー信者として知られる俳優のトム・クルーズも出演していた。この動画を視聴した4chanユーザーの中には、少なからずこの宗教をカルト的だと感じた者がおり、この動画が話題になると、教団はYouTubeに動画の削除を求めた。これが彼らの目には隠蔽《いんぺい》工作として映った。その結果、反発した4chanユーザーたちが、メール等で教団に対して嫌がらせをしたり、大挙して街に繰り出して反サイエントロジーのデモ運動を行うようになったのである。

この一連の事件の裏には、「情報は何もかもが公開されるべき」という、4chanユーザーやアノニマスたちの信条が見える。同時に、既存の権威に対してサイバースペースから奇襲攻撃をかけることや、4chanと派生サイトのユーザーたちと共闘して反権力運動を行うことに、スリルや喜びを感じる彼らの姿が見えてくる。彼らの行動は、常にカウンターカルチャーと仲間意識に支えられている。これぞ、まさにサイバーカルチャー的価値観である。

さて、2010年の暮れから2011年にかけて、世界史に残るような一大事件が発生した。アラブ世界における大規模反政府運動「アラブの春」である。そこには、「反・情報隠蔽」「反体制」「仲間」という、4chanユーザーやアノニマスが好みそうなキーワードがすべて揃っていた。

反政府運動勃発のきっかけは、ある青年の死だ。2010年12月17日、失業中のチュニジアの青年が路上で果物を売っていたところ、販売許可がないとして警察が商品を没収。これに抗議した青年が焼身自殺した。この事件が契機となり、チュニジアの高い失業率に抗議するデモが各地で行われた。一番困難な初期のデモへの参加者集めに、SNSやインターネットが使われたことはよく知られている。デモは大きなうねりとなり、やがてベンアリ政権を崩壊させた。いわゆる「ジャスミン革命」である。

この革命が、のちにアラブ諸国へ飛び火していくわけだが、当時のベンアリ政権も、リビアのカダフィ政権も、これを阻止しようとして情報戦を試みた。そこでアノニマスは、エジプト情報省のサイトへのDDoS（Distributed Denial of Service／分散型サービス拒否）攻撃[*26]を行ったり、チュニジア政府の公式サイトを改竄《かいざん》したりと、体制側へのハッキング攻撃を行い政府の動きを阻んだ。このため、政府による情報統制は失敗したのである。

この失敗で、ジャスミン革命は単発のデモでは収まっていないこと、それを政府が隠そうとしていることが明るみに出た。結果、反政府デモの規模が政府発表よりもずっと大きいことを知った民衆は、さらに活動を拡大させる。こうして反政府デモ隊は初期の情報戦で優位に立ち、ジャスミン革命はそのままアラブの春へと拡大していった。

このどこまでがアノニマスの関与によるものなのかの検証は必要である。しかし考え方によっては、日本の2ちゃんねるが世界にばらまいたアナーキーな匿名掲示板文化が、世界の歴史を動かしてしまったことになる。

ところで、権力に反抗する中国のアノニマスは、グリーンダム娘という美少女キャラクターを生み出すようなＯＴＡＫＵであった。そして本家のアノニマスも、その趣味は似たり寄ったりだ。彼らのとある作戦名が、そのことを明白にしている。

２０１０年11月28日、「アメリカ外交公電ウィキリークス流出事件」が世間を騒がせたとき、アノニマスはウィキリークスの側に立った。ウィキリークスは匿名で政府・企業・宗教などに関する機密情報を公開するウェブサイトだが、アノニマスはウィキリークスが漏洩した文書の拡散支援作戦を行い、その作戦を「Operation Leakspin（オペレーション・リークスピン）」と銘打った。この「Leakspin」は、「ミクとネギ」の元となった「ロイツマ・ガール」の別称「Leekspin（リークスピン／ネギ振り）」のもじりであり、もちろん「ウィキリークス（WikiLeaks）」の「リークス（Leaks）」にかかっている。4chanの/b/板出身である本家アノニマスたちは、アキバカルチャーに骨の髄まで漬かっていたのだ。

また、この騒動の余波で、ウィキリークスとの取引を中止したクレジットカード会社が、アノニマスにサイバー攻撃を受けるという事件があった。攻撃を仕掛けたアノニマスのうちの一人は、オランダ在住の16歳の少年だった。

アノニマスを名乗る者たちの中でも、特に過激な集団である「LulzSec（ラルズ・セック）」や「AnonNet（アノンネット）」が起こすクラッキング事件の背後には、こうしたティーンが少なからず存在する。サイバーカルチャーと、その一派であるアキバカルチャーの中で生きる世界のOTAKUたちは、コンピューター犯罪という闇の世界とも隣りあわせで生きている。

2ちゃんねるからふたば☆ちゃんねる、そして4chanという一連の流れを見る限り、日本は「アナーキーな匿名掲示板文化」というとんでもないものを世界に輸出してしまったようにも見える。けれど、「自由な発言の場」に対する需要は、今も昔も普遍的に存在しているはずである。完全匿名だからこそできる本音の議論に関しては、国内外ともに肯定的意見が少なくない。

このことに関して、4chanの創始者であるmootは『TED』[*27]にて登壇発表をしている。彼は匿名掲示板文化について「清濁《せいだく》併《あわ》せ呑《の》んでトータルで評価すべきであり、匿名だからこそできる社会貢献もある」と訴えた。ただ、プレゼンの聴衆の様子を見る限り、その主張はアッパーミドル層や年輩世代にはあまり響いていないようだ。

■コラム

4chanのお約束

4chanには、サイバーカルチャーがベースとなったさまざまな「お約束」がある。2ちゃんねるのガイドライン板やＶＩＰ板の雰囲気に通じるものがあるが、内容はより過激である。アノニマスたちは、こうした価値観に基づいて行動する。以下は「4chanのお約束」（97ページ参照）とされるものを、筆者が訳したものである。

1. /b/板については何も話すな
2. /b/板については何も話すな〈大事なことなので二回言いました〉
3. 俺たちが名無し（アノニマス）だ
4. 名無し（アノニマス）に鉄の軍規あり
5. 名無し（アノニマス）は容赦しないし、忘れない
6. 名無し（アノニマス）は残酷で無分別で無慈悲な怪物だ
7. 名無し（アノニマス）はやるときはやる
8. 投稿にルールはない
9. アクセス禁止にもルールはない。ハッピー・アク禁
10. 他のサイトも見ている？　やめとけ
11. どんなに推敲してもスルーされる
12. 何を言っても逆手に取られる

13. 何を言っても取り繕える
14. 荒らしに反応したら負け
15. 全力で挑むほど、派手に失敗する
16. あまりにも派手な失敗からは、何かが得られるかもしれない
17. すべての勝利はそのうちやらかす
18. 名の付く万物は嫌われうる
19. オマエが嫌いなものほど強くなる
20. ネタにマジレスwwwww
21. オリジナルな物は、数秒後には古くなる
22. コピーパスタ（コピペ）を前にして独創性など無意味だ
23. コピーパスタ（コピペ）を前にして独創性など無意味だ
24. 再掲はいつも再掲の再掲である
25. >>1との関連性は1レスごとに減少する
26. すべてのスレは簡単に脱線する
27. 理由は無くても必ず性癖を聞け
28. 性別は必ず聞け。本当に男なのか確かめるためにも
29. ネットで出会う女はネカマで、子どもはFBI捜査官である
30. ネットに女はいない
31. おっぱい見せるか、ここから出てけ

32. 言うことがあるならまずは証拠画像を出せ
33. 半年ROMってろ。それから半万年ROMってろ
34. 万物はポルノ化する。例外なし
35. 今は無くてもすぐ作られる
36. どんなに気持ち悪くても意味不明でも、上には上がいる
37. ゼロでは割れない（電卓がそう言うから）
38. ここに限界はない。空すら限界ではない
39. Caps Lockはクールな奴らの巡航モードなり
40. 巡航モードでも、やっぱり操縦は必要
41. DESUはいい加減にしろ。てか、なんつーか、チャック・ノリスよりひでぇ
42. 神聖なものなど無い
43. 美しいものほど汚しがいがある
44. 日本を一回でも褒めれば「日本かぶれ」扱いを受ける
45. ライオンを見たら車に戻れ
46. 万物は半獣人ポルノになる
47. プールは常に休業中である

※1と2は、映画『ファイト・クラブ』のせりふへのオマージュであったり、33の"Lurk more"は（英語圏の）ネットスラングであったりと、ある意味で内輪ネタだらけである。意味不明で滅茶苦茶で手に負えない「サイバーカルチャー」、ここに極まれりといった雰囲気である。

Rules of the internet.

1. Do not talk about /b/
2. Do NOT talk about /b/
3. We are Anonymous
4. Anonymous is legion
5. Anonymous never forgives
6. Anonymous can be a horrible, senseless, uncaring monster
7. Anonymous is still able to deliver
8. There are no real rules about posting
9. There are no real rules about moderation either - enjoy your ban
10. If you enjoy any rival sites - DON'T
11. All your carefully picked arguments can easily be ignored
12. Anything you say can and will be used against you
13. Anything you say can be turned into something else - fixed
14. Do not argue with trolls - it means that they win
15. The harder you try the harder you will fail
16. If you fail in epic proportions, it may just become a winning failure
17. Every win fails eventually
18. Everything that can be labeled can be hated
19. The more you hate it the stronger it gets
20. Nothing is to be taken seriously
21. Original content is original only for a few seconds before getting old
22. Copypasta is made to ruin every last bit of originality
23. Copypasta is made to ruin every last bit of originality
24. Every repost is always a repost of a repost
25. Relation to the original topic decreases with every single post
26. Any topic can be easily turned into something totally unrelated
27. Always question a person's sexual prefrences without any real reason
28. Always question a person's gender - just in case it's really a man
29. In the internet all girls are men and all kids are undercover FBI agents
30. There are no girls on the internet
31. TITS or GTFO - the choice is yours
32. You must have pictures to prove your statements
33. Lurk more - it's never enough
34. There is porn of it, no exceptions
35. If no porn is found at the moment, it will be made
36. There will always be even more fucked up shit than what you just saw
37. You can not divide by zero (just because the calculator says so)
38. No real limits of any kind apply here - not even the sky
39. CAPSLOCK IS CRUISE CONTROL FOR COOL
40. EVEN WITH CRUISE CONTROL YOU STILL HAVE TO STEER
41. Desu isn't funny. Seriously guys. It's worse than Chuck Norris jokes.
42. Nothing is Sacred
43. The more beautiful and pure a thing is - the more satisfying it is to corrupt it
44. Even one positive comment about Japanese things can make you a weeaboo
45. When one sees a lion, one must get into the car.
46. There is always furry porn of it.
47. The pool is always closed.

（出典：Know Your Meme）

「言論の自由」と#ISISクソコラグランプリ
サイバーカルチャーの世界での「言論の自由」

「自由な発言」は、カウンターカルチャーであるサイバーカルチャーを愛する者にとって、自明の大前提である。

この「自由な発言」ならぬ「自由な表現」をめぐって起きたのが、「フランス紙襲撃テロ事件」だ。2015年1月7日、パリの風刺新聞を発行するCharlie Hebdo（シャルリエブド）本社が、イスラム過激派のテロリストに襲撃され、12人が殺害される事件が起きた。襲撃された理由は、同紙がイスラム過激派を挑発する風刺画を掲載したことである。

このショッキングな事件により、欧州ではすぐに「Je suis Charlie（私はシャルリ）」のスローガンの下、「言論の自由は、暴力に屈しない」という主張が支配的になり、デモなどが行われるようになった。それと同時に、言論の自由とヘイトスピーチの境界線がどこにあるのか、言論の自由を行使することによるリスクをどう評価するのか、そもそもそんなリスクを論ずること自体が「テロに屈して」いないかなど、様々な議論が巻き起こった。

けれど、現実の世界とは違い、「究極の言論の自由」をとっくに実現している空間があった。4chanをはじめとするサイバーカルチャーの世界である。欧州のイスラム批判に対しては、アメリカを中心に「シャルリエブド紙の表現は、ヘイトスピーチではないか」という意見も出ていたが、4chanなどではヘイトスピーチなどそこら辺に転がっている日常の一部だった。ネットの匿名性に守られ、報復テロなどの「言論の自由を行使することによるリスク」も事実上ゼロだった。現実世界とは前提がまるで違っていたのである。

そのため、4chanをはじめとするネット空間では、「言論の自由」を巡る議論や行動が、現実世界と違う方向に進んだ。基本的に、欧州ではリベラル派の主張する「多様性」が正義とされ、イスラム排斥のような多様性を損なう行為は「いけないこと」とされている。しかし、禁止されると逆にやりたくなるのがカウンターカルチャーに属する者たちの性《さが》である。4chan/int（国際情勢板）では、面白がって反イスラム的な画像を投稿するユーザーが現れ、アノニマスにいたってはさらに直接的な行動に出た。「#OpISIS（オペレーションＩＳＩＳ）」と称したハッキング行動で、イスラム過激派組織ＩＳＩＳ関連サイトへのサイバー攻撃、関連ＳＮＳアカウントのクラッキング、関連する個人情報の暴露などが行われたのだ。もちろん知識層はそんな行いを批判したが、批判されて余計に盛り上がるのはいつものことである。

こうして世界中でＩＳＩＳと「言論の自由」を巡る議論が続く中、今度は日本から予想外の変化球が投げ込まれた。

２０１５年１月に、ＩＳＩＳが日本人の湯川遥菜氏と後藤健二氏を人質にして日本政府に２億ドル（当時約２３６億円）の身代金を要求する「イスラム国日本人人質事件」が起きた。

このとき、日本で起こったのが、ツイッターを通じてＩＳＩＳが作製した脅迫ビデオ画像を面白おかしく改変して投稿する「#ISISクソコラグランプリ」だ。日本のTwitterユーザーの一部が、ＩＳＩＳのメンバーが人質に向けたナイフをバナナやスマートフォンの自撮り棒に換えてみたり、背景にアニメキャラの画像を貼り付けたりと、改変画像を作製してはネットで流したのである。

このネットミームに対しては「不謹慎だ」「危険」という声が非常に多く上がった。しかしそんな意見はお構いなしに、アノニマス同様、今度は改変画像をＩＳＩＳ関係者に直接送りつけるなど、より事態を煽る者まで現れたのだ。

改変画像はSlashdotや各種バイラルメディア[*28]に流れ、ついには中東の有力メディアであるアルジャジーラにも紹介されて、世界中の知るところとなった。これに関して、海外メディアの中には、暴力にまつわる恐怖のイメージをおバカ画像に改変して無力化することで「イスラム国のイメージ戦略を挫《くじ》くことをやってのけた」とかなりポジティブに論評するところもあった。[*29]

こうして#ISISクソコラグランプリは、サイバーカルチャーでの日本の巨大なプレゼンスを改めて示す一件となった。

2015年1月の日本人人質事件を受け、ISISを萌え擬人化した「ISIS（アイシス）ちゃん」がネット上で誕生。「ISIS」で画像検索がかけられた際にこの手のイラストしか出ないようにすることでISISに対抗する、という趣旨で生み出された。投稿画像のほとんどは日本人によるものだった（出典：Know Your Meme）

30年の時を超えてつながる〝leet〟と「OTAKU」
受け継がれたアイデンティティー

ここまで、世界的なネットミームとなったコンテンツの例や、グローバル・アキバカルチャーの最前線に立つ者たちの例を挙げてきた。

各コンテンツがネットミーム化されるときのポイントとなる「面白い」の基準については一概に言えないが、そこに働く心理とは、アニメのファンサブ版をつくる者たち同様、「面白いものを仲間と共有したい」というネット越しの連帯感、そして「この面白さがわかる人にだけわかればいい」という内輪意識である。

繰り返しになるが、今日の世界で流行するグローバル・アキバカルチャーとは、サイバーカルチャーの一種だ。サイバーカルチャーは基本的にインターネットを通じて広まる文化であり、ネット環境を有している者、探し方を知っている者、ネタの咀嚼《そしゃく》の仕方を知る者だけが楽しめる「特別な趣味」だ。自らの嗜好のアンテナを頼りに、積極的に取りに行った者だけが触れられる、ある種、特権的な文化なのである。その文化圏に属することにアイデンティティーを見出し、プライドを持つ人も多い。これは'80年代、パソコン通信の時代にも見られた光景ではないだろうか。世界のアキバカルチャーのファンたちは、いわば現代版の

“leet” なのだ。

【注】

＊16　動画　https://www.youtube.com/watch?v=M3JVfeal0nY

＊17　動画　http://www.nicovideo.jp/watch/sm982882

＊18　『ルカルカ★ナイトフィーバー』は、ＶＯＣＡＬＯＩＤ『巡音ルカ』で「ＳＡＭ（samfree）」が作って２００９年にニコニコ動画で発表した曲で、ボカロオリジナル曲でミリオン再生を達成している曲の一つ。
動画　https://www.youtube.com/watch?v=IoctOtGJjVk

＊19　２００４年1月にふたば☆ちゃんねるに出されたマンガ『ねこきっさ』の広告内に記された煽り文句が「通称、ぬこきっさ」で、それが広まった。同マンガには、主人公が「ねこ」と書くべきところを、誤って「ぬこ」と書くシーンが収録されている。

＊20　「lolcat」の「lol」は、laugh out loudly / laughing out loud / lots of laughなどの略。自分や誰かのジョークに対して笑うという意味のスラング。

＊21　動画　http://www.youtube.com/watch?v=QH2-TGUlwu4

＊22　ＭＩＴの研究者による4chanの研究論文：4chan and/b/ : An Analysis of Anonymity and Ephemerality in a Large Online Community

＊23　“Taking the Rick” Sean Michaels, theguardian.com, Wednesday 19 March 2008 12.41 GMT

＊24　「避難所」とは、特定の掲示板やその中のスレッドが終了（書き込み数が上限に達すること）したり、サーバーの不調などで外部から接続できなくなったりしたときに、そのスレッドの利用者が一時的に集まるネット上の別の場所を指す。

＊25　4chanの拡大と派生サイトにより、「chan」という言葉はインターネット上の一つの文化圏を示す代名詞と

なった。ちなみに、ドイツのサイトは「kraut（ふたば）chan（チャンネル）」、ロシアのサイトは「dva（2）ch（ちゃんねる）」で、それぞれ日本の掲示板サイトの影響を受けていることがわかる。スペインの「nido」は、なぜか「巣」である。

＊26　多数のコンピューターから同時に一つのサーバーめがけて集中アクセスやデータ送信を行い、標的のサーバーを機能停止させるサイバー攻撃。

＊27　Technology, Entertainment, Designの略。「アイディア」について講演会を行う団体で、タグラインは"Ideas Worth Spreading"

＊28　SNSの情報拡散力を利用して、話題性のある動画や画像を中心とした記事に、短期間でトラフィックを集めることを目的としたブログメディア。バイラル（Viral）は「ウイルス性の」「感染的な」という意味。

＊29　"What the U.S. can learn from Japan's Photoshopping of ISIS propaganda" http://www.dailydot.com/politics/japan-isis-photoshop-counterpropaganda-terrorism/

第3章
OTAKUネイティブ世代、誕生

幼年時代からネットに親しみ、アキバカルチャーに囲まれて育った「OTAKUネイティブ」が世界中で続々と誕生している。彼らは総じてコンテンツを楽しむばかりでなく、「動画投稿」や「コスプレ」といった手段を通じ、二次創作のクリエイターとしても活発に行動している。欧米やアジアの各国で行われるイベントでは、そのようなOTAKUネイティブの姿を見ることができる。

シンガポールで行われたアニメイベント「Anime Festival Asia 2014」の会場

グローバル・アキバカルチャーの申し子たち
世界中で育つ「OTAKUネイティブ世代」

日本国内でオタク文化の歴史を見ると、まずゲームやアニメが好きな人がいて、後からインターネット勢が加わったように見える。

対して海外では、先にパソコン通信時代からギークたちに受け継がれるサイバーカルチャーがあった。そこへ本格普及したインターネットにより、ゲーム勢、アニメ勢が加わり、さらに二次創作、コスプレ、同人作品などのコンテンツも大量流通するようになった。こうして日本のオタク文化とサイバーカルチャーが合流した結果、ギーク、ゲーマー、アニメオタク、コスプレイヤー、ダンサー、シンガー、パフォーマーなどを束ねた、今の形での「アキバカルチャー」という世界共通の文化圏が生まれたのである。ただし、海外ではインターネット勢のほうが先立っていたため、サイバーカルチャーの側に主導権があるという微妙な違いがある。つまり、「日本のオタク文化が世界で人気」と言われるとき、本当に人気なのはサイバーカルチャーが主導する「グローバル・アキバカルチャー」なのだ。

国内で語られるオタク世代論では、「おたく」から「オタク」、そして「OTAKU」への変遷について語られることがある。「おたく」は1970年代に誕生したサブカルチャー愛好者の総称であり、もともとはコアなＳＦ・アニメファンを指す言葉。「オタク」は１９８０年代に誕生した概念で、アニメ・マンガ・ゲーム・パソコンなどを引きこもりツールとする大人になれない者たちを指す言葉だとされている。そして「ＯＴＡＫＵ」とは、その外国人版であった。ただし、最近はＯＴＡＫＵの意味が微妙に変わり、ボーカロイドや『東方Project』など、アニメでもゲームでもないジャンルも含めて、幅広く日本のオタク文化を楽しむ世界的な層のことを指すようになっている。つまり「グローバル・アキバカルチャー」を支持する層のことである。

そして今、物心ついたときから「ＯＴＡＫＵ」文化に囲まれて成長する、いわば「ＯＴＡＫＵネイティブ世代」が、世界中で育っている。

先述のフランス・パリでの『ジャパンエキスポ』では、来場者数約24万人のうち25歳以下が８割を占めるが、まさにこの人たちが「ＯＴＡＫＵネイティブ世代」である。

発信せずにいられない
Tell Your World : Everyone, Creator

この中には、前述したように、ギーク、ゲーマー、アニメオタク、コスプレイヤー、ダンサー、シンガー、パフォーマーなど、実に様々なタイプがいる。実際に会ってみると、ほとんどの場合、彼らは普通に働いていたり学校に通っていたりする若者や子どもである。運がよければ、彼らが持ち物につけている日本のアニメキャラの缶バッジやストラップを目撃することもあるかもしれない。

ただし、ＯＴＡＫＵネイティブ世代の興味は、従来の「オタク文化」に身を置いていた人たちほどは、マンガ本やアニメＤＶＤなど、グッズそのものには向かっていかない。なぜなら、サイバーカルチャーの申し子でもある彼らが最も欲するのは、インターネットを通じてやりとりができる「データ」や「感情の共有」だからだ。

彼らをパソコンの前に座らせると、その本領を見ることになる。

ある者は画像や動画を作ってあちこちの掲示板やＳＮＳに投稿し、インターネット上でアクティブに活動する。またある者は「踊ってみた」「歌ってみた」などの二次創作活動をしてそれを動画にアップする。積極的にＯＦＦ会やイベントに出向く者の中には、「アニソン・クラブ・ナイト」や「コスプレ・コンテスト」のようなイベントを開催し、ネットを通じて人集めをする側に回る者もいる。彼らの活動は、引きこもりなどの印象が強い従来の「オタク」とは違って、総じて活発である。また、そうすることが生活の中心となり、趣味というよりはライフスタイルとしての「ＯＴＡＫＵ」を追求しているのである。

特徴的なのは、彼らの多くが、単にコンテンツを消費するのではなく、コンテンツを作り出す側に回っていることだ。そのことは、2011年に放送されたインターネットの大手検索サイトである『Google（グーグル）』が提供するウェブブラウザ『Google Chrome（グーグルクローム）』のCMによく表れていた。CMでは、ボーカロイド『初音ミク』の発売を受けて、同ソフトで作った楽曲を動画サイトに投稿する者、その曲にイラストをつける者、3DCGにする者、CGのミクのダンスを真似て「踊ってみた」を投稿する者が次々と登場する。そして、最後に字幕として挿入されたのは、「Everyone, Creator（エブリワン、クリエイター）」という言葉だった。これぞ、今の世界標準化したアキバカルチャーの本質である。

そして、これと同じ現象が世界規模で起こっている。こうしたアキバカルチャーを先導しているのは、実際のところ、日本のオタクと大差無いレベルでこの文化を楽しむ、海外のOTAKUたちなのだ。

ただし、グローバル・アキバカルチャーの根っこは、サイバーカルチャーという名のカウンターカルチャーである。担い手であるクリエイターたちは、「自分たちは多数派とは違う存在なのだ」というプライドと、「このコンテンツを共有して盛り上がりたい」という仲間意識を込めたメッセージを、その行為を通じて常に発信する。

しゃべらなくても「国際交流」
言語を飛び越すネットアイドル

では、どのような形でプライドと仲間意識を発信しているのか？　その一例が、「歌ってみた」や「踊ってみた」を投稿することだ。

２００９年。アイリッシュ海に浮かぶイギリスの自治保護領であるマン島在住の「ベッキー」ことレベッカ・アン・フリント（当時14歳）は、自宅にいながら、一躍アイドルデビューした。寝室で「男女ダンス」を自撮りして、YouTubeにアップロードしたのだ。ベッキーは「可愛いにもほどがある」と絶賛されたその容姿とダンスの上手さから、たちまち時の人となった。アキバカルチャーを通じて、ネットアイドルとして世界中で予想外の大ブレイクをした。

ちなみに「男女ダンス」とは、日本の歌手である太郎が、修学旅行や合コンをテーマにつくった曲『男女』をBGMにして踊るダンスのことだ。のちにタレントデビューしたベッキーは、「ベッキー・クルーエル」名義で日本でのCDデビューも果たした。ベッキーは大の親日家で、現在はイギリスで歌手活動を続けている（日本での芸能活動は２０１１年に引退）。彼女については、ＢＢＣでもドキュメンタリー番組が制作された。*30

ベッキーより前に、一切顔を出さずに、声だけでデビューしたネットアイドルもいる。2007年、香港在住の16歳の少女が、300円のマイクをパソコンにつないで、ニコニコ動画を中心に流行していた日本語のメドレー曲を歌った。この録音を「歌ってみた」として同サイトに投稿したところ、たちどころに再生数が10万を突破。外国人にしてはうまい日本語の発音、そして「ほんこーんでーす」などとつぶやくサムネイル代わりの自作イラストが注目され、彼女は「歌う絵師」として話題になった。彼女はイラストにちなんで「ほんこーん」と呼ばれるようになり、以降、NHKの番組に出演したり、日本や韓国の草の根ク

Caramell Dansen dance cover by xBextahx

動画サイトで活躍するネットアイドルたち。両方とも同じダンス、『Caramell Dansen（キャラメルダンセン）』を踊っている。【上】ベッキー（出典：YouTube）／【下】ほんこーん（出典：ニコニコ動画）

同じアニメのファンに向けてパフォーマンスをする海外のコスプレダンサーたち（出典：YouTube）

リエイターたちとコラボレーションするようになる。

彼女たちのようにメディアにはクローズアップされていないものの、オーストリアの「ケーキ姫☆優海」、中国の「水縁無憶」、アメリカの「rockleetist」など、動画サイトには、海外からの直接投稿によりネットアイドルとなった人がたくさんいる。

よく「インターネットに国境はない」と言われる。しかし実際には「言語の壁」があり、「インターネットで世界の人たちに共感を求めて情報発信」とは言っても、うまくいかないことが多い。しかし、アキバカルチャーには、絵・歌・踊り・コスプレなど、しゃべらなくても発信・共有できるものが、他のポップカルチャーとは比べ物にならないほど多い。こうした言語不要のアキバカルチャーを通じた自己発信は、易々と言語の壁を越えてしまうのだ。

ネットアイドルには遠く及ばずとも、継続的に歌やイラストやダンスを投稿する外国人は一定数いる。そのほとんどが再生数を稼げずに埋もれていくが、それでもＯＴＡＫＵネイティブ世代のクリエイターたちが投稿をやめることはない。

なぜなら、投稿者たちが欲するのは、アキバカルチャーを共有する仲間たちの共感だからだ。ベッキーやほんこーんのようなネットアイドルも、仲間の共感を求めて「内輪ネタ」で自己発信した結果、はからずも「国際交流」をすることになったのである。

日本国内では市民権を得た感のあるアキバカルチャーだが、海外に出ればまだまだマイナーな存在であり、ゆえにカウンターカルチャーたりえている部分もある。マイナーだからこそ、世界のOTAKUたちがアキバカルチャーを発信することは、それだけで「その他大勢とは違うクールな自分」を体現することになる。

そして、コスプレイヤーたちはきらめくステージへ
世界中のANIMEイベントを渡り歩く越境コスプレイヤー

「自分は多数派とは違う存在」の発露として、そして言語の壁を易々と越えるグローバル・アキバカルチャーの象徴として、さらにわかりやすいのがコスプレだろう。

日本国内では『コミックマーケット』『ワンダーフェスティバル』『ニコニコ超会議』といったサブカル関連の大型イベントに大勢のコスプレイヤーが来場し、イベントレポートやニ

ユース画像を華やかなものにしている。世界各国で行われる日本関連イベントでも同じような光景が見られるが、特筆すべきは、欧州や東南アジア圏には、各国のアニメ・コスプレ関連イベントを渡り歩く「越境コスプレイヤー」まで出現していることだ。

コスプレは、1960年代後半のアメリカで、SF・特撮・アメコミを題材に「costuming（コスチューミング）」として行われるようになった。コスチューミングは、自分と同じ趣味の人を見つけたり新しく出会う人に会話を切り出したりするためのもので、例えば『スター・トレック』のキャラクターの格好をすることで、趣味についての会話の潤滑油としたのである。

日本でもこの影響を受けて、1970年代中頃からコスプレが行われだした。同人誌即売会であるコミックマーケットの会場では、『科学忍者隊ガッチャマン』『機動戦士ガンダム』『キャプテン翼』などのコスプレが行われるようになり、1990年代半ばに『新世紀エヴァンゲリオン』が世界的に流行すると、コスプレ文化は日本のみならず世界へと拡がった。

パリの『Japan Expo（ジャパンエキスポ）』やロサンゼルスの『Anime Expo（アニメエクスポ）』といった日本・アニメ関連の大型イベント会場で行われるのみならず、中国の『角色扮演嘉年華（コスプレカーニバル）』やイギリスの『Ayacon cosplay ball（アヤコンコスプレ舞踏会)』などコスプレに特化したイベントもあるほどだ。

こうしたイベントの参加者である海外のコスプレイヤーのほとんどは、購買力のあまりない若年層である。そのため、彼らは少ない予算であらん限りの工夫を凝らして衣装を自作する。香港やアジア圏の各地にコスプレ専門の仕立て屋があり、ネットを通して世界中から注文を受ける。ただし安価とはいえない上に、細かい調整やアレンジは現物合わせでないと難しい。そのため、手の込んだコスプレをする人たちや、まだアニメが放送中で衣装が販売されていない「最先端」のコスプレをしたい人たちは、衣装や小道具を自作する。


コスプレSNSサイトに並んでいるコスプレ写真を見ると、その多くでクロマキー用のグリーンバック、レフ板、面光源照明などの専用機材が使われている。背景セット、構図、アングルやフォーカスなども考え抜かれ、エフェクト加工もされるなど、完成度がアートの域にまで高められている写真もある。こうした写真が仲間内のコミュニケーションツールとして、コスプレSNSで日々何千枚もやりとりされている。そこからは、みんなが各々の自己表現を楽しんでいる様子が伝わってくる。

コミュニケーションや自己表現以上のものをコスプレに求める、「ガチ勢」と呼ばれる人たちもいる。「ガチ勢」は完成度の高いコスプレ写真を撮影することに注力し、写真を「ポ

コスプレＳＮＳのギャラリーでは、様々なコスプレ「芸術写真」が大量に投稿されている（出典：worldcosplay.net）

ートフォリオ」や「制作実績」と呼べる形でまとめＳＮＳ等にアップし、ＳＮＳアカウントでメールアドレスを公開している。イベントでのコンパニオンやステージ出演の営業をするためである。

日本国内や香港・台湾・シンガポールなどコスプレ人口密度の高い地域では、小規模撮影会が毎週のごとく行われている。そこでは撮影機材を借りたり、気軽に他のコスプレイヤーと「その場限りの関係」でコスプレ撮影をすることができる。一方でコスプレ人口密度が低いヨーロッパでは、目立った活躍の場所は、年に数度のアニメコンベンションなどの大規模イベントに限られる。そうなると、なんとか見つけた少ない仲間たちと深く交わりながら本気でイベントに挑み、共にコスプレとアキバカルチャーを極めていくことになる。

このような背景から、海外でのコスプレイヤーの活動には、その多くに、かなりのコミットメントを持ったチームが伴っていることが多い。チーム内で、衣装制作担当、撮影担当、画像加工担当、ステージパフォーマンス、ＳＮＳでの広報担当というふうに分業してあらん限りの工夫を凝らして衣装を自作し、機材を持ち寄って作品制作に勤しむ。こうした分業化により、各自の経済的負担を減らしながら専門性と技術水準を上げ、チームのクオリティーも上げていくのである。[*31]

態勢を整えたチームでは、幅広い活動が可能になる。コスプレコンテストでは上位を狙えるようになるし、中には同人作品として短編映画を丸々一本撮影してしまうチームもある。ここまでくると、チームは一つの芸能事務所のようなものである。こうしたチームに支えられるパフォーマーの中には、facebookページで万単位の「いいね！」を集める者も少なくない。これを受けて、イベント側も舞台に照明と音響を用意することが多い。大規模なステージイベントともなると、コスプレイヤーには正式な契約と出演料が発生する。つまり海外のコスプレイヤーにとって、こうしたイベントは金銭が動く、れっきとした芸能活動になる。

このように、現在世界で流行しているコスプレ文化は、衣装制作、写真撮影、パフォーマンスに宣伝広報など、様々な活動が組み合わさった複合的な趣味であり、昔ながらの「コスチューミング」とは明らかに異なっているのだ。


その結果、彼らの一部は、仕事として世界中のアニメ関連イベントを渡り歩くようになる。言語の壁を越え易いのがアキバカルチャーの特徴だが、こうしたコスプレイヤーたちも、現実の国境を軽々と越えていく。越境コスプレイヤーの誕生である。

彼らがロールモデルとなり、世界中で他のコスプレイヤーたちの本気度をさらに押し上げる。

したがって、ここまで本気でやっている「越境コスプレイヤー」たちを日本に招くのであれば、それなりの気遣いが必要となる。彼らにとって、コスプレ本家である日本へ招かれることは、滅多にない晴れの舞台である。ならば、彼らの期待に相応しい舞台を用意するのが、心のこもった「おもてなし」である。

ちなみに、彼らがめざす総本山の一角に、毎年名古屋で行われる『世界コスプレサミット』がある。テレビ愛知が主催で、メディア露出度も高く、日本の経済産業省も後援するビッグイベントだ。本選の翌日は、各国の代表が、会場近くの大須商店街を練り歩く「コスプレパレード」が行われる。代表のあとには、一般参加のコスプレイヤーたちによるパレードもあり、その参加者は1000人とも2000人ともいわれている。もちろん、沿道に集まる人々は、その何倍にも膨れ上がる。

本気の越境コスプレイヤーたちは、こうしたおもてなしで迎えたいものである。

アキバカルチャー、三次元進出
脱日本化して現実世界に飛び出すアキバカルチャー

こうしてアキバカルチャーが言語や現実の壁を越えて世界で共有されるようになる一方、その発信元として認知されてきた「日本」という存在が徐々に霞み始めている。また、欧州で売られる中国製の偽造オタクグッズなど、日本の版権元やマーケッターが把握し切れていない領域がどんどん増えている。海外での同人誌即売会や、日本に来たことのない越境コスプレイヤーも同様である。

少し前までは、ネタが「日本発」であることがアキバカルチャーの必須条件だったが、今やネタとなる部分が日本製かそうでないかは、もはやどうでもよくなっている。ファンの数が各国で一定以上まで増えた今、アキバカルチャーは日本を離れて自律的に動き始めている

美しすぎるクリミアの検察官、ポクロンスカヤ氏（©AFP=時事）

のである。

「ポクロンスカヤ氏の萌えイラスト事件」は海外で自律的に動き始めたグローバル・アキバカルチャーの一例である。２０１４年３月、ロシア連邦クリミア共和国で最高検察庁検事総長となったナタリア・ポクロンスカヤ氏は、「アニメ的美貌が人気で、日本でネットアイドル化している」とロシアのタス通信を始め、各国の大手メディアで報じられた。就任後の記者会見が世界に配信されるやいなや、彼女の美貌に創作意欲を刺激された絵師たちによって、大量の萌えイラストがネット上に投稿されたのである。

これらの萌えイラストは日本のオタクの

手によるものだろうと思いきや、蓋を開けてみれば、半分以上が外国人絵師によるものだった。この発端となったイラストも、表紙に掲載したベトナム人の手によるもので、つまり、このミームはアキバカルチャーに属していながら、最初からほとんど海外製だったのである。

ポクロンスカヤ氏の萌えイラストの一つ。ロシアのSora Deusが描いたもので、伏見つかさによるライトノベル『俺の妹がこんなに可愛いわけがない』の有名な表紙へのオマージュ（出典：Know Your Meme）

「ヲタ芸」の海外進出も、アキバカルチャーが自律的に動き始めている一例である。ヲタ芸とは、アイドルオタクの間で自然発生的に生まれた独特の振り付けである。秋葉原のアニソンクラブイベントなどでは、現在進行形で新たなワザ（振り付け）が開発されており、各種の動きには「ロマンス」「ロザリオ」「サンダースネーク」「ムラマサ」などの名前がついている。

ヲタ芸の前身は、１９７０～１９８０年代にアイドルファンたちが行っていた、アイドルに捧げる応援コールで、近

ヲタ芸の一種である「ロマンス」の動きをするメキシコ人たち（出典：YouTube）

年「でんぱ組.inc」や「ももいろクローバーZ」などのコンサートなどで再認知されるようになった。

ただ、「モーニング娘。」や「AKB48」などのアイドルソングは、アニメソングやボーカロイド曲と比べて、海外では知名度が低い。そのためアイドルソングに付随していたヲタ芸は、海外のOTAKUの間でも一部の人にしか知られていなかった。

ところがその後、日本国内で、ヲタ芸はアニメソング、ボーカロイド曲にもつけられるようになった。するとどこから聞きつけたのか、海外でも一部のファンが模倣を始めたのである。

2011年に台湾の高雄で開催されたアニメイベントの映像[*32]では、ボーカロイド曲の『メグメグ☆ファイアーエンドレスナイト』で踊るメイド服姿の女性に加えて、背後でヲタ芸を打っている人が大勢見られる。後述する『Anime Festival Asia 2014（アニメフェスティバルアジア2014)』で行われた音楽イベントでも、光るサイリウムを両手に持ってボーカロイド曲でヲタ芸を打つファンの姿がたくさん見られる。ヲタ芸はインドネシアでも流行し、インドネシア・オリジナルのヲタ芸ワザが開発されている。これはおそらく「AKB48」の姉妹グループでジャカルタを中心に活動する「JKT48」の影響である。

ヲタ芸の世界にはベッキー・クルーエルのようなネットアイドルもいなければ、皆が知っているミーム動画もない。それにもかかわらず広まっているのは、おそらく海外のOFF会やイベントなどで広がっているからだと思われる。ヲタ芸は、もはやインターネットすら離れ、現実世界で人づてに広がっているのである。

アニメ制作会社『ガイナックス』を設立した岡田斗司夫は、'90年代半ばに名書『オタク学入門』(太田出版)で「来るべき未来、アルバート・ゴアの予言した『世界ネットの情報ハイウエイ』は実現化するだろう。しかしそこは既に、アニメ・マンガ・ゲーム・特撮等が合体した『オタク文化』という日本車で予約済みなのだ」と評した。今まさにその時代が来て、サイバーカルチャーの流れを汲む「言語を超えた高コンテクスト文化」であるグローバル・アキバカルチャーは、急速に世界に広まっている。その申し子である「OTAKUネイティブ世代」もまとまった数となり、各自で流行やコンテンツ、コミュニティーを作り出すようになった。その元となったアキバカルチャーも各国で三次元（現実世界）へと飛び出しはじめている。

「OTAKUネイティブ」に会ってみよう！
シンガポール、Anime Festival Asia 2014

２０１４年12月、シンガポールにて「Anime Festival Asia 2014（ＡＦＡ、アニメフェスティバルアジア２０１４）」が開催された。これは２００８年から電通が運営母体となって行っているアニメイベントで、２０１４年はシンガポール中で一番大きな展示場であるサンテック・シンガポール国際会議展示場を全て使って開催された。３日間の開催で、来場者数は約9万人。そのうちの3割は、シンガポール国外からの来場者である。イベントは企業の出展や物販、コンサートなどから成っている。

このようなアニメイベントでは、「三次元進出するアキバカルチャー」や、それをハブとして現実世界でつながるファンたちをたくさん見ることができる。私個人としては、それを体感してみたかったのもあるが、同人イベントに行くのと同じ動機で、一人の参加者としてこのお祭りを楽しんでみたかった。

インドネシア人腐女子。「fujoshi（腐女子）」であることは、ＯＴＡＫＵ女子の間ではクールの証しとなっている

前日に会場を下見に訪れると、すでに集まり始めた人々が、勝手に前夜祭を始めていた。そこには中華系、東南アジア系、インド系、そしてなぜか西洋系の人たちもいた。耳に飛び込んでくる言葉は、マレー語あり、英語（シングリッシュ？）あり、中国語ありで、実に様々だった。そして彼らは身につけたキャラクターの缶バッジなどを通じて共通の話題を見つけては、新たな友達を作っていた。

そうした人々に交じり、床に座り込んで、白いビニールボールに、思い思いに好きなアニメやマンガのキャラクターを描く女子の集団がいた。覗き込んでみると、描かれていたのはニコニコ動画のアイコンや、アニメ『鬼灯《ほおずき》の冷徹』（２０１４年）に登場する金魚草、２ちゃんねる界隈ではゲイネタとしてあがる山川純一のマンガ『くそみそテクニック』の有名カットなどだった。オノマトペの描き文字も、日本語で忠実に再現されている。

彼女たち3人はシンガポールの全寮制学校に在籍しているというインドネシア人女子留学生だった。「君たち、もしかして腐女子なの?」と私が話しかけると、なぜかみんなで頬を赤らめて「Yes」と答えた。しかし、どこか誇らしそうでもある。ちなみに「fujoshi(腐女子)」という言葉は、アキバカルチャー文化圏限定だが、世界共通語になっている。今やOTAKUに対して、「彼らは、様々な創作物に触れ、絵が描けてITスキルも高い、ファッショナブルな文化人である」というイメージを持つ外国人もいるほどだ。

彼女たちは流暢な英語で、「去年のAFAでは、オタクグッズに何百ドルも使った」と楽しそうに語ってくれた。しかし、世界銀行の統計によれば、2013年度の一人当たりGDPは、日本3万8634ドル、インドネシアは3624ドルである。彼女たちが流暢な英語が話せることも、この若さでオタクグッズに大金を費やせることも、彼女たちが裕福な家庭に育ち高い教育を受けてきた証拠である。この会場には、そうした者が溢れているのだろう。もしかすると、この中から未来のグローバルエリートが出てくるかもしれない。

開催日当日、多くの人で混みあった会場の物販ブースには、バッグに缶バッジをたくさん

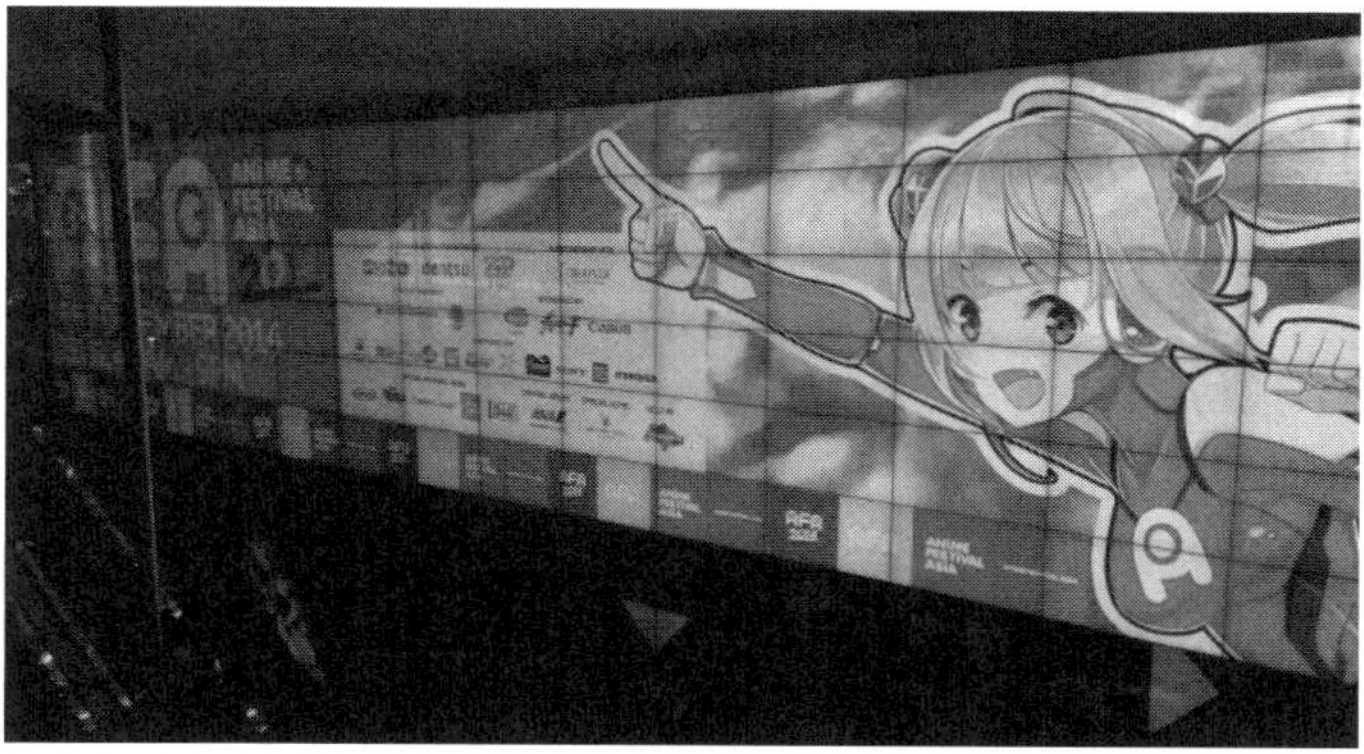

「アニメフェスティバルアジア2014」の看板。シンガポール中心部にある一番大きな展示会場をすべて使って行われた。日本からは声優の堀江由衣、三森すずこや、第一線で活躍するアニメ制作スタッフなどが参加した

つけた人や、アニメキャラクターのTシャツを着た人たちで長蛇の列ができていた。日本で流行していた『艦隊これくしょん-艦これ-』のキャラクターものや、新発売のフィギュアの多くが売り切れていた。商品一覧パネルの上には「完売」の札がペタペタと貼られており、日本のコミケと同じ光景が広がっていた。

　会場には多くのコスプレイヤーたちがいた。その中には、コスプレ衣装にイスラム教の教義に合わせたアレンジを加えた、「ムスリムコスプレイヤー」の女性もいた。アレンジの例として、スカーフの上からウィッグをつける、スカーフがポニーテールやツインテールの髪型に見えるように加工する、同じ意匠で丈だけ長くしたスカートをはく、などがある。これらは英語では“hijab cosplay（ヒジャブ・コスプレ）”と

呼ばれ、特にインドネシアが発信源になっている。ムスリムコスプレイヤーは、「アキバカルチャーの現地化」の例として注目に値する。

会場では、「ニコニコ国会議」と称して、ニコニコ動画で有名な歌い手や踊り手が出演する、ユーザー参加型のステージイベントも行われていた。会場には多くのＯＴＡＫＵたちが集まっており、中にはボーカロイド曲『ルカルカ★ナイトフィーバー』で激しく踊る人もいた。

ニコニコ動画の文化は、アキバカルチャーの中でも最先端であり、若い層の支持が最も厚い。この「最先端」を体感したかったのも、私がＡＦＡ２０１４を訪れた理由のひとつだ。実際に「ニコニコ国会議」スペースにいたファンたちの年齢層は非常に若く、明らかに10代半ばという人も多かった。まさに「ＯＴＡＫＵネイティブ世代」である。

このイベントは「アニメフェスティバルアジア」と称するだけあって、基本的にはアニメファンが来ているはずだ。しかし実際はアニメにとどまらず、ボーカロイド曲やニコニコ動画の「踊ってみた」に詳しいファンも多く、アキバカルチャー全体が楽しまれている様子が伝わってきた。

彼らは、インターネット上のみならず、現実世界で〝国際〟交流することに関しても、少しの気負いもない。もとより、ＯＴＡＫＵネイティブ世代は、物心ついたころからサイバーの世界で遊び、グローバルであることがデフォルトな者たちだ。彼らが共有するのは、「自分たちはグローバルな存在である」という意識ではなく、単に好きなもので一緒に盛り上がれる喜びだ。言語の違いなどで複雑な意見交換ができなくても、コスプレや「踊ってみた」を通じて、自分たちが多くの人たちと繋がれることを知っている。そこでは（喜びという）感情交換が成り立っており、この感情は若い参加者が今後人格を形成していく経験の一部となるのだ。

ＡＮＩＭＥやコスプレでみんな仲良く！
勝手に実現された「絵空事」

インターネット時代になり、知り合おうと思えば、遠く離れた人とも瞬時に繋がれるようになった。しかし実際には、国境、年齢、宗教の壁が立ちはだかる。特に言語の壁は堅強で、これを乗り越えられなければ、関係を維持することはなかなかに難しい。

その中でアキバカルチャーは、言語の壁を越えて関係を作ることを瞬時にやってのける。それはアキバカルチャーが説明不要な世界共通の高コンテクスト文化であり、言語以外にも、踊り、絵、コスプレ、二次創作、ネットミームなど、多様なコミュニケーション媒体があるからだ。

そして何よりも、アキバカルチャーのファンたちは、「楽しい」「好き」「面白い」といった人間のごく根元的な感情で繋がれる。繋がるための何かを共有することを、サイバーカルチャーの「仲間意識」が強力に後押しするからである。その一端が二次創作であり、ネットミームであり、コスプレなのである。

そのため、一般的にはゆっくりと時間をかけて育まれる「仲間意識」というものが、アキバカルチャーを通じると一瞬でできあがってしまう。しかも最近は、それがインターネット上のみならず、イベントなどの現実世界でも可能となっている。ＯＴＡＫＵネイティブ世代の人たちは、「純粋な喜びで世界を繋ぐ」といった絵空事めいたことを、勝手に実現してしまっているのかもしれない。

【注】

＊30　"Beckii: Schoolgirl Superstar at 14" : http://www.bbc.co.uk/programmes/b00tf20x（英語）

＊31　西田裕希『美しすぎるロシア人コスプレイヤー』ユーラシアブックレット＃１９０、東洋書店

＊32　動画　https://www.youtube.com/watch?v=ALYMn5kq9kk

第4章 OTAKUエリート、台頭

筆者がオックスフォード大学に在籍していたころ（2002〜2010年）は、アキバカルチャーが世界の若者の間で「市民権」を獲得し始めた時期と重なっている。オックスフォードの学生も例外ではなく、その中には現在、世界の名だたる企業や研究所に勤める者、中央省庁の官僚として母国を支える者も多い。こうした「OTAKUエリート」は、今後必ず増えていくはずである。

著者のオックスフォードの学友、ミシェルのコスプレ（撮影：ショーン）

任天堂とジブリが切り開いたもの

今やイギリスの上流社会の大人も楽しむゲームやアニメ

２０１１年11月、欧州中央銀行の総裁に、イタリア人のマリオ・ドラギ氏が就任した。これを英国の高級紙の一つである『Financial Times（フィナンシャルタイムズ）』は、「スーパーマリオの登場」と大々的に報じた。ドラギ氏は、１９９０年代にイタリアが通貨危機に見舞われ欧州為替相場メカニズム（the European Exchange Rate Mechanism）から脱落したとき、イタリア経済を立て直した天才経済学者である。このときの活躍が称えられ、彼のファーストネームである「マリオ」に、すでに世界で広く認知されていたニンテンドーの「スーパーマリオ」がかけられたのだ。

２０１２年には、ドラギ氏が南欧の金融支援を巡って、ドイツ政府と難しい調整を迫られていたことについて、「スーパーマリオ、ドイツの政治という名の最終面へ（"Super Mario reaches the last level - German politics"）」と、またもゲームにかけた見出しで報じられた。フィナンシャルタイムズは世界のトップビジネスマンや、50代以上の人々も読む新聞である。そこで堂々とゲームを例えに用いるということは、そうした人々の間でも「ニンテンドー」や「スーパーマリオ」が常識になりつつあるということだ。

1980〜1990年代を振り返ってみると、「ゲームは子ども用のおもちゃである」というのが、日本でも海外でも常識だった。しかし20年以上がたった今、そんな常識は過去のものとなっている。同じことはアニメにも言える。ことに、スタジオジブリの『千と千尋の神隠し』が2003年にアカデミー賞を受賞して以来、大人も世界的にアニメを、少なくともジブリアニメを受け入れるようになった。

これに対して、ニンテンドーでもジブリでもないアキバカルチャーは、あまりにもアバンギャルドで、世間一般に広く受容されているとは言えない。しかし、既存の権威や大人たちの価値観をすべて素通りするアキバカルチャーは、サイバーカルチャーの要素を持つがゆえに、ネットを拠点に世界中で拡散しているのも事実だ。この流れの中には、近い将来にいわゆる「グローバルエリート」となるかもしれない人たちも身を置いており、オックスフォード大学も例外ではなかった。事実、そうした大学を卒業したアキバカルチャーファンの中には、それぞれの分野の第一線の研究者となった者や、金融などの分野で頭角を現しはじめた者もいる。今、世界を股に掛けて活躍する「OTAKUエリート」が現れ始めている。

私がオックスフォードに在籍していた2002〜10年に、現地で出会った人たちの間で、サイバーカルチャー、そしてアキバカルチャーがいかに浸透していったかをお伝えする。

「『ちょびっツ』見たんだけど、アニメとマンガってどう違うの？」

オックスフォードに入学、いきなり美少女アニメについて聞かれる

オックスフォード大学は、12世紀にはそのベースができあがっていたとされるが、実は「オックスフォード大学」という名のキャンパスは存在しない。この大学は、46の独立したカレッジの連合体なのである。同校は50名以上のノーベル賞受賞者を輩出し、卒業生には、ハレー彗星の軌道計算をしたエドモンド・ハレーや、政治哲学書『リヴァイアサン』の著者であるトマス・ホッブズ、英国首相のデービッド・キャメロン、元英国首相のマーガレット・サッチャー、量子宇宙論の提唱者であるスティーブン・ホーキングなどが名を連ねている。

私が在籍していたのは、この大学の、セント・キャサリンズ・カレッジだ。「理系に強い」とされるこのカレッジは１９６２年創立だが、その卒業生にはノーベル賞受賞者が２名いる。

私が入学したのは、２００２年９月。

それは、入学してしばらくたった、２００３年のはじめのことだった。ある朝、私は９時

から始まる講義に備え、まだ朝の寒さが残るホール（食堂）の木製の長椅子に座り、いつもの如く、トーストにバター、ベーコンと目玉焼きの典型的なイングリッシュ・ブレックファストをとっていた。目の前に私と同じく化学専攻のイギリス人、ポール君が座った。卒業後はケンブリッジで博士号を取得し、欧州知的財産法のスペシャリストである特許弁理士として活躍するポール君。彼と「おはよう」の挨拶を交わし、今日の講義の教授は誰だとか、チュートリアルの課題の期限はいつかといった、オックスフォードの学生らしいいつも通りの会話をしていた。が、ポールが突然、こんなことを言いだした。

"What's the difference between anime and manga?（アニメとマンガって、どう違うの？）"

……まさか、オックスフォードまで来て日本のマンガだのアニメだのについて話題を振られるとは思ってもみなかった。「アニメは子どもが見るもの」が常識のイギリス、しかもオックスフォードで、こんな質問を受けるとは。当時、世界的に見てもブロードバンドはほとんど整備されておらず、海外で日本の深夜アニメを視聴する「アニメオタク」はかなりの少数派だった。

質問に「アニメは見るもので、マンガは読むものだ」と答えたところ、彼は大いに納得した。なぜそんなことを聞くのかと尋ねると、彼は『ちょびっツ』(2002年)というアニメを見たとのことだった。同作は、人型(もちろん美少女)のパソコン「ちぃ」と、浪人生のSFラブストーリーだ。

ちなみに、私の得意分野は昔からインターネットのほうだ。アニメも見ることは見るが、メインは2ちゃんねる、ニコニコ動画や類似の海外サイト。そしてそこから派生するコンテンツである。そのため、当時の私は『ちょびっツ』についてよく知らなかったので、こう言った。

「確かアレ、なんだかポルノ的というか、アダルトな内容じゃなかったか?」

「……ポルノなんかじゃないよ!」

それまで機嫌よく話していたポールは、やや不快げにそう反論した。彼はよっぽど『ちょびっツ』が好きだったのだろうか。2003年はじめ、象牙の塔であるオックスフォードにも、オタクコンテンツの波がひたひたと押し寄せつつあった。

オックスフォード、セント・キャサリンズ・カレッジのホール（食堂）

カレッジ学生会の掲示板は「2ちゃんねる」

オックスフォードの匿名掲示板とサイバーカルチャー

２００３年5月、私はセント・キャサリンズ・カレッジの学生会のＩＴ代表に選出され、学生会ウェブサイトの刷新に取り掛かっていた。このウェブサイトは、カレッジの運営からは独立した、学部生からなる学生会によって運営されており、カレッジライフを紹介したり、在学生への連絡などの用途で使われていた。

新サイトでは、在学生への連絡機能を強化するために、電子掲示板を設置することにした。連絡がしやすくなるほかにも、掲示板という場を提供すれば、学生たちが何か面白いことをしてくれるかもしれないという期待もあった。他のカレッジはまだやっていなかった新しい取り組みだった。

ただし、学生会掲示板は利用者の書き込みあってこその存在。ただ設置するだけでは、使われずに放置されるのは確実だった。

「ただ普通の掲示板を設置しても面白くないな……。いっそ2ちゃんねるみたいになれば面白いのに……」

そして思った。

「そうか。なら、2ちゃんねるを置けばいいんだ」


当時、2ちゃんねるには犯罪予告が書き込まれるなど、色々な問題が起きていた。ハンドルネーム「ネオむぎ茶」が引き起こした「西鉄バスジャック事件」(2000年)や、「ラットキラー」による「新宿ナイフ人質事件」(2001年)などである。

カレッジでもこうした面倒ごとが起きる可能性はもちろんあったが、「面白いことが起きそう」「アクセスする人は限られるので、手に負えない状態にはならないだろう」と結論付け、オックスフォードに2ちゃんねるを持ち込んでみることにした。

まず2ちゃんねる型掲示板のプログラムを日本のサイトからダウンロードし、プログラムの中の日本語の部分を英訳した。「名無しさん」は〝Nemo（英語の〝nobody〟に相当するラテン語）〟と訳し、書き込んでもスレッドが掲示板ページの上位に上がらないようにするコマンドは、2ちゃんねると同じ〝sage〟とした。そして試行錯誤と調整の末に、試しに書き込んでみると……動いた！　こいつ、動くぞ！　こんな匿名掲示板を設置して、どんな展開になるのやら、何だかワクワクしてきていた。最後に、私が学生会メンバーに出す「お知らせメール」の末尾にリンクを張り、掲示板ができたことを告知して利用を促した。

するとやっぱり始まった。2ちゃんねる同様、カレッジの「エライ人」に対するゴシップが……。誰が書いたのかわからないが、みんなの生々しい本音がそのまま書き込まれていた。諸事情で学生の間で不人気であった、カレッジのIT担当の職員が特に噂話の対象となり、私がその職員に呼び出されるという事件も起きた。だが、これだけでは終わらなかった。

2004年の2月のある日、カレッジの図書委員からIT運営会議参加者に宛てたメールが来ていた。そのメールでは、カレッジの図書館に設置されている15台のPCが常に技術サポートを要するため図書委員の負担となっているなどの理由から、全PCを撤去したいという、なかなか思い切った要望が述べられていた。これらのPCは学生たちが課題のエッセイの執筆や調べものに使うもので、撤去などしたら、学生たちに与える影響は甚大だった。

こうした図書委員からの要求に対して、ＩＴ運営定例会で一度は「静観・様子見」という結論になった。


しかし、再び図書委員から、今度はメールではなく、正式な「要求」が書面で来た。さすがに今回は静観というわけにはいかない。学生会ができる意思表示として「生の声」が最も強力と考え、図書委員からのＰＣ撤去要求の文書を、学生会「2ちゃんねる」掲示板にアップロードし、スレッドを立てて、学生会メンバーから直接意見を募った。すると、一晩で40件もの書き込みが殺到した。まさに「炎上」である。

中には穏やかに意見を述べる書き込みもあったが、むしろ罵詈雑言のほうが多く、中指を立てた"UP YOU"のアスキーアートまで貼られていた。学生会の「2ちゃんねる」は匿名制であることから書き込みのハードルが極めて低かった分、書き込む理由ができると一気に人が殺到する性質があった。特に今回のような「祭り」や「炎上」と呼ばれる現象は、本家2ちゃんねると同じであった。予想はしていたが、学生会の掲示板は、本家さながらの「無法地帯」となった。

2週間後のＩＴ運営定例会では、「学生会と院生会の強い反対（"outcry"）により、ＰＣ

撤去要求自体が取り下げられた」と報告があった。どうやら図書委員は、ＰＣ撤去要求への返答が、Ａ４用紙で40ページ分の書き込みで戻ってくるとは予想だにしていなかったようだ。定例会での私のこの報告は、笑いと拍手と歓声に包まれた。賛否両論あるハッピーエンドであった。

後日気付いたのだが、図書委員のＰＣ撤去要求関連のスレッドが掲示板の上位を占める中、〝sage〟機能を使ってひそひそ雑談していた人を見つけた。「祭り」やら「炎上」やら、アスキーアート貼り付けやら、オックスフォードでも本家「2ちゃんねる」と同じことが起きたのである。匿名掲示板に宿るサイバーカルチャーについて、何か普遍的で万国共通のものを見た。

許されないから見たかった『ムネモシュネ』

「やばいコンテンツ」の抗いがたい魅力

２００8年、冬。かつてポールにアニメ『ちょびっツ』について聞かれたのと同じ場所、セント・キャサリンズ・カレッジの食堂で私が朝食をとっていると、少し遅れて3年後輩の中国系カナダ人、工学を専攻していた陳君がやって来た。彼はさらに医学を学び、現在ウォ

ーリック州の国立病院で医師として活躍しているのだが、そんな彼が発売されたばかりのスマホを取り出して、

「このアニメ知ってる？　かなり有名みたいだけど」

と囁《ささや》きかけてきた。覗き込むと、暗めの背景の中に半裸女性が描かれた、アニメのワンシーンがあった。

「これは……『ムネモシュネ』……」

私が何か抑えたように笑うと、陳君もニタニタと、ワルそうな笑いを浮かべた。陳君が見せた『Mnemosyne―ムネモシュネの娘たち―』というアニメは、２００８年に半年間、ＣＳのアニメ専門チャンネルで放送されていた、日本でもわりとマイナーな作品だ。新宿に事務所を構える二人の美女（不死者）を中心に巻き起こる物語を描いたこのＳＦアクションアニメでは、毎回のように裸やレズ描写があり、その上流血や内臓飛び出しなどのグロテスクな表現も多かった。

ところがそのエログロ表現の過激さゆえに、中華圏のネットでは人気となっていたようだ。確かにあのようなエログロ表現は、中国では政治的・社会的にまず不可能だ。だからこそ陳君はネットで噂を聞きつけ、ファイル共有ソフトでダウンロードして見たのだった。このように、通常ルートでは視聴できないからこそ、流行するという例もある。アキバカルチ

ャーのカウンターカルチャー性は、オックスフォードでも発揮されていた。

フランシスコ君の憂鬱《ゆううつ》
オックスフォードのスノビズムとＡＮＩＭＥの狭間にて

２００５年のYouTubeなどの動画サイトの誕生以降、オックスフォードでも、アニメを見る層の増加を体感する機会が増えていた。それでもまだ、アニメといえばアカデミー賞をとったジブリ作品などが話題となるのが一般的で、深夜アニメやＳＦアニメが話題となることは少なかった。そのことを一番強く感じていたのが、スペイン出身の生理学の修士学生、フランシスコかもしれない。

彼は、子どもの頃にテレビで見た『マジンガーＺ』や『ドラゴンボール』から、日本アニメが大好きになったそうである。私がアニメやアキバカルチャーを知っていると気づくなり、大いにテンションを上げて堰《せき》を切ったようにアニメトークをしかけてきた彼だが、その趣味を表に出すことは稀《まれ》だった。色々事情があったのだ。

オックスフォードの大学院生の談話室では、毎週日曜の夜に「ピザを片手に映画を見る会」が行われていた。２００６年にオックスフォードの大学院生となった私は、院生会の委員の一人として、この集まりの運営を担当していた。

２００７年の春のある日、院生会会長のベンジャミンをはじめとする数人と「来週は何を上映しようか」という話をしていたところ、ＳＦ映画の話になった。「『ガタカ』がいい」「『マイノリティ・リポート』がいい」などというタイトルがメンバーから出てきた。

しかし、どうもありきたりな感じがした。そこでせめて自分は何か人と違う提案ができないかと考えた。本当に上映する気は無かったが、話題の提供ぐらいにはなるだろうと思って次のような提案をした。

「『Ghost in the Shell（攻殻機動隊）』もなかなかハードなＳＦだぞ」

この作品はイギリスでは知名度が低かったため、「それって何？」と聞き返されるだろうと予想していた。それに話の筋や設定が複雑なので、作品の補足説明がいるかもしれない。うまく説明できるかと、一抹の不安もあった。すると院生会会長のベンジャミンは即答した。

「おう、シリーズ2作目の『STAND ALONE COMPLEX』にする？　それとも最近レンタルがはじまった『SOLID STATE SOCIETY』？」

いきなり乗り気な返事をしてきて、こちらはかえって拍子抜けしてしまった。同時に、ベンジャミンがこの作品のことをちゃんと知っていたという事実は、私にとっては驚きだった。彼の英語のアクセントは完全に上流階級のクイーンズ・イングリッシュであり、普段から身なりをびしっと決めていた。院生会での議論をまとめながらフェロー（教授陣）との交渉もそつなくこなす、まさにイギリスのエリートという風格だ。そんな彼が、アニメなどという別の言語圏の大衆文化、しかもジブリ作品でもないアニメを知っているとは、かなり意外だった。

『攻殻機動隊SOLID STATE SOCIETY』の英国リリース版のパッケージ

上映日の夕方。上映会の準備を始めた私が、レンタルＤＶＤ屋から届いたものを、内容チェックのために再生しようとしていたところ、例のアニメ好きなフランシスコが寄ってきた。私が今日の上映会でこれを上映しようと思っていると告げると、普段はおっとりしている彼が慌てた様子で、

“Not everybody might like it, because it's an anime!（みんなにウケるとは思えないよ！　アニメだから！）”

と声を大にして反対しはじめたのだ。

結局、宅配サービスのレンタルＤＶＤ屋が肝心のソフトを入れ間違えており、『攻

殻機動隊』を上映することはできず、その日はテレビでのサッカー観戦になったのだが、もし上映していたら、フランシスコの懸念どおりになったのかどうか。結果が気になるところではあった。

この出来事について、のちに彼は「アニメ鑑賞は大好きだが、この趣味は万人の趣味ではないことも知っている。もし上映会という形で院生会の『一般人』に見せたら、子ども向けのものを見せたと誤解されて大不評となる可能性もあり、そんな悪しき先例は避けたかった」と語った。

学部生はそうでもないが、イギリス国外からオックスフォードの大学院に来る人は、かなりの割合が「知識階級」「エリート」「教養・文化」といった要素を求めて来ている。その程度たるや、メディアでエリート主義やスノビズムと批判されるほどである。こんな環境の中で彼らが子ども用と（勝手に）思っているアニメを上映するとなると、「俺たちは知識階級の大人なのに、何でアニメなんだ！」とプライドが傷つく光景は想像がつく。ハタチをとうに超えている院生会メンバーの大多数にとっては、アニメなど、世代の壁の向こうの存在だったであろう。これは憶測の域に入るが、恐らくフランシスコは以前にもどこかでアニメ好きを公言してみたが、周囲に理解されずに残念な思いをした経験があるのだろう。２００５年にオックスフォード・ジャパン・ソサエティーが『千と千尋の神隠し』を上映したときは何の問題もなかった。少なくとも2007年の時点では、学部はまだしも、大学院にアキバカルチャーは早すぎた。

ちなみにフランシスコは現在、ハーバード大学医学部で、ヒトの視覚における認知メカニズムの研究に携わっており、前出のベンジャミンはインペリアル・カレッジ・ロンドンにて弱冠30歳にして自身の研究室を持ち、材料科学の分野で実績を上げている。

イギリスのギークに「二次元彼女」ができるまで
「二次元彼女」はイギリスの価値観と折り合いがつくのか？

私が博士課程で在籍していた研究室に、マイケルがポストドクター研究員として2008年から加わった。彼は香港育ちのイギリス人で、赤毛の天然パーマでめがねをかけており、私より5歳ほど年上だった。たんぱく質の単一分子を使った「分子機械」と「電子部品」の研究をしており、権威ある学術雑誌に10本以上の論文を出していた第一線の研究者である。一方で、シベリアや東台湾の山奥など世界のあちこちを旅しており、他では聞けない持ちネタをたくさん持っていた。そしてネットに流れるジョーク画像や動画を好む、いわゆるギークだった。私と彼は最初こそ波長が合わなかったが、気が付いたら昼休みにネットで変なネットミーム画像を拾っては見せ合い、笑いをとりあう仲になっていた。

彼とは、中国（大陸）のインターネットで流行していた「グリーンダム娘」（71ページ参照）とインターネット神獣「草泥馬《ツアオニーマー》」＊33について、中国人の博士課程学生を交えて大いに盛り上がった。また、英語圏の掲示板を中心に流行していた「lolcat」と呼ばれる猫画像や、その流れで、女性のオタクの一ジャンルである「腐女子」やら、同人ゲームなどの日本製のネタも話題に上った。

「日本ではみんな電車に乗るから、電車を運転するゲームが人気なんだって？」とマイケル。

「まぁ、人気と言えばそうだけど。こんなゲームもあるぞ」

そう言って私はYouTubeに上がっていた『鉄1』というゲームのプレイ動画を見せた。このゲームは、電車をぶつけ合ってお互いを妨害しながらゴール駅を目指すゲームである。彼は大喜びで「ワハハ、狂ってる！！！！　ステージをロンドンにしてやろうぜ！！！」と騒いだ。

さらに面白い物はないかと探した彼は、今度はしげの秀一の超人気走り屋漫画『頭文字D』のパロディー同人誌である『電車でD』（著者はきよ◯）まで見つけた。この同人誌はスキャンされて英訳され、その中に出てくる「複線ドリフト」というシーンが英語圏でネッ

英語圏のネットで流行した「複線ドリフト」のオリジナル画像。マンガ『頭文字D』のパロディーで、走り屋による峠の路上レースを電車レースに置き換えている。英語のスキャンレーション版では「複線ドリフト」は「MULTI-TRACK DRIFTING」と訳された（画像提供：同人サークル○急電鉄）

トミームとして流行っていたのである。

「何じゃこれ、複線ドリフト――！
ワハハ！」

こんなやりとりで盛り上がるマイケルと私を横目で見ていたイタリア出身の博士課程学生のジュリアは、「このOTAKU二人にはついていけないわ（笑）」という顔をしていた。

ギークなマイケルは、アキバカルチャーも大好きだった。こんなとてつもなく馬鹿馬鹿しい掛け合いをしている中で、一番好きなアニメヒロインを「二次元彼女」と呼び、恋愛するよりもアニメを見たり同人活動を優先している（私のような）人間の話も話題に上った。「二次元彼女」とは、アニメファンの男性本人にとって一番好きな女性アニメキャラのことである。

ところが、これに関してマイケルは意外なほど強硬に反発した。

「だからユーキ、お前はいい加減、彼女を見つけろ」

「いや、見たいアニメがあるし、研究やサークル活動はともかく、ミクの動画[*34]作るので手一杯で時間ないし！」

「だからな、女は男が寄って来るのを待ってるんだよ！」

「勝手に待たれたって、こっちは向きたい方を向いているんだから、知るか」

話はどこまで行っても平行線であった。

日本では、「欧米では先進的なフェミニズムにより、女性の社会的地位が向上している」と言われている。しかし、フェミニズムがことさらに主張されるということは、「マッチョイズム」も依然として強いことの裏返しでもある。イギリスも例外ではなく、「男子たるものスポーツと勉学に励み、ダビデ像のごとき肉体美と教養を兼ね備え、女性をエスコートできる理想の男性像を目指すべし」という雰囲気がある。こうした西洋のマッチョイズムは、日本で話題の「草食系男子」や、異性よりも趣味優先のオタクの在り方とは相反する。「女は男が寄って来るのを待つ生き物だから、男は女を追いかけろ」というのは、彼にとってある種の譲れない「男らしさ」だった。

２００９年11月のある日の午後、私はオフィスで原子間力顕微鏡に関する文献調査をしていた。昼過ぎの眠い時間だった。部屋には６人がいたが、時折聞こえる紙のすれる音やキーボードの音以外は静かだった。すると隣からマイケルがふと思いついたように話しかけてきた。

「日本にもドイツのお菓子ってある?」

何の脈絡もない質問がマイケルらしかった。そのとき「ドイツのお菓子」と聞いて、私の頭には「バウムクーヘン」が浮かんだ。

「あるよ。『エヴァンゲリオン』の第8話を見てみろ」

これを聞くなり、にやりとしたマイケルはYouTubeにアクセスし、第8話を探し始めた。

「もうちょっと後のシーン、ほら、二人でエヴァに乗り込んでる。この後だ」

このシーンでは、主人公の碇シンジが、ヒロインの一人である惣流・アスカ・ラングレーが操縦するエヴァ弐号機に同乗する。弐号機は彼女の得意とするドイツ語を基準として操縦するように調整されており、日本語で考えるシンジの思考が邪魔になったアスカは、次のようにシンジを怒鳴りつける。

アスカ：「あんた、日本語で考えてるでしょ！　ちゃんとドイツ語で考えてよ！」

シンジ：「あぁ……わかったよ……バウムクーヘン？」

このシーンを見るなり、マイケルは当惑と困惑の入り混じった表情で笑い出した。私はそんなにアニメを見ていたわけでも無かった。ただ、この一件によりマイケルには、「ユーキに質問するとアニメで返事をしてくる上に、何話のどのシーンかまで言ってきやがる！」と後々まで言われることとなった。

この数日後、マイケルがまた脈絡もなく話しかけてきた。

「俺にも二次元彼女ができたぞ」

『エヴァンゲリオン』のアスカですか……。

コスプレイヤー、そしてグローバル・シェイパー

マレーシアの将来を担うOTAKUエリート

「『コードギアス』のコスプレするんだけど、来る?」

メールをくれたのは、ジャパン・ソサエティーのカラオケイベントで『組曲「ニコニコ動画」』を日本語で歌い上げたマレーシアからの留学生、経済学・経営学専攻のミシェルである。彼女はニコニコ動画に「歌ってみた」の投稿もしていた。

2010年の2月。私がオックスフォードを離れる日が近づいていた。当時のイギリスでは、アニメ好きを公にできなかったフランシスコといい、こっそり『Mnemosyne―ムネモシュネの娘たち―』を見ていた陳君といい、アニメやアキバカルチャーはアンダーグラウンドで隠れて楽しむのが普通だった。にもかかわらず、ミシェルはコスプレという誰の目にも隠し立てできないことを、堂々とやっていたのである。

当日はボドリアン図書館で10時に待ち合わせた。ボドリアン図書館とは、オックスフォードの中央図書館で、イギリス国内で出版される本は必ず一部が納められるため、国会図書館と並ぶ地位にある施設である。図書館の中央の建物は1619年に建てられたもので、オックスフォード大学のシンボルのひとつである。学生証にもこの建物の図案が入れられている。

今回のコスプレの元ネタである『コードギアス』(テレビアニメ2006年放送)は、架空の超大国・神聖ブリタニア帝国の占領下の日本で、「ギアス」と呼ばれる能力をもつ者たちを中心に繰り広げられる戦いを描いた作品である。この作品には、イギリスを意識した世界観や衣装が多く登場するため、ボドリアン図書館はコスプレ撮影の舞台としてうってつけなのである。

当日は、肌寒い風が強く吹く日で、雲が9割、青空1割の、典型的なイギリスの春の日だった。

約束の時間になると、友人2人を連れたミシェルが、大荷物を抱えて現れた。一人はミシエルが以前コスプレイベントで知り合ったというアステレシアというコスプレイヤー。もう一人はショーンという男子学生で、撮影担当だった。

ミシェルとアステレシアが、ボドリアン図書館の近辺のどこで、あんな大掛かりな着替えができたのかは未だに謎である。しかし、着替えを終えて登場した2人は、まさにアニメの世界から抜け出してきたかのようにゴージャスだった。

ミシェルは、白い19世紀の軍服のような衣装に、明るい茶色の短いウィッグを付けた少年「枢木《くるるぎ》スザク」の姿。一方のアステレシアは大きく広がる白いひらひらしたドレスを着ており、パーマのかかったピンク色の長いウィッグをつけた少女「ユーフェミア」のコスプレ

ミシェルとアステレシアのオックスフォードでのコスプレ写真。背景はボドリアン図書館（撮影：ショーン）

だ。ユーフェミアの大きく広がるドレスが強風に煽られていた。脚にまとわりつくスカートのせいで、ずいぶん歩きにくそうだった。

そんなことよりも、寒かった。そもそもコスプレ衣装は防寒用に作られていない。それでもミシェルとアステレシアのコスプレ愛は寒さを上回っており、

“Oh god, it's so coooooold!!!!（さむい――――！！！！）”

などと、きゃっきゃと騒ぎながら喜んでいた。

寒さに耐えながらオックスフォードのど真ん中で行われたコスプレ撮影会は、1時間半ほどで終了。写真はあとで加工して、写真集に仕立てるそうだ。

この撮影会の後、ＳＮＳで、ミシェルのプロフィールをチェックした。ミシェルはイギリスの全寮制高校で過ごしていた頃から、公にコスプレ活動をしていたようだ。そもそもプロフィール画像が、アニメ『ＢＬＥＡＣＨ』のコスプレ姿である。ロンドンで開催されたコスプレイベント『Ayacon Cosplay Ball』に参加したときのレポート写真もあった。彼女がどこかのイベントで、『マクロスＦ』のランカ・リーのコスプレをした時の写真は4chanにも流れていた。彼女はこれに気づくや否や、ＳＮＳに〝Oh My God〟のネットスラングである「ZOMG」と書きこんで喜んだ。ちなみに、「ZOMG」とは、〝Oh My God〟の略である「OMG」が「ZOMG」と打ち間違えられ、そのままネットミーム化して定着したものである。彼女の「オタク趣味」は隠すものでも何でもなく、むしろアイデンティティーとして堂々と前面に出されるものだった。

ただ、カレッジで年輩の担当教授に「君は仮装の趣味があるようだね」と聞かれたときは、なかなかに説明が難しく、最終的には「『スター・ウォーズ』に出てくる兵士の格好をする人と同じ」と説明したそうだ。

そんな彼女も、コスプレに対して消極的になったことがある。

オックスフォードでは、毎年5月頃から試験シーズンが始まる。イギリスの大学では学位に成績が付き、しかもオックスフォードの場合はその成績が最終試験でほぼ決まるため、学生の最終試験に臨む態度は尋常ならぬものがあった。学生は1月あたりから追い込みに入るのだが、試験が近くなるとプレッシャーから自殺者が出たという噂が流れたり、私が最終試験を受けたときも、試験が始まって10分ぐらい経ったところで女子学生が号泣しながら試験会場から走って退場したこともあったほどだ。

ミシェルもコスプレイヤーである以前に、そんな現実と向き合う一人の学生だった。２０１１年の１月、試験が近づくと、すでに卒業して日本に帰国していた私に、彼女がＳＮＳを通じて弱音を吐いてきた。

「次は『けいおん！』のコスプレをしたいんだけど……何だかモチベーションが上がらないよ。もうコスプレを卒業する歳なのかな……」

彼女が色々弱気になっていたことはわかったが、これにはコメントできなかった。私自身も、オタク趣味は何歳まで「許される」ものなのかわからなかったし、コスプレ趣味の「賞味期限」など、もっとわからなかった。別に世間が許すとかいう話でもないだろうし、オタク趣味はともかく、コスプレ趣味を周囲がどう見るかなど、想像もできなかった。

その４ヵ月後、ミシェルは無事に最終試験を終えた。国費で留学していた彼女は、卒業後は帰国してマレーシアを代表する政府系金融機関に就職した。彼女は、世界経済フォーラム

写真左が、抜け忍くノー「かすみ」のコスプレをしたレックス
©World Cosplay Summit

（World Economic Forum）によって任命される33歳以下の若者コミュニティー「グローバル・シェイパーズ・コミュニティー」にも属し、同フォーラムの年次総会であるダボス会議に参加している。そして同時に、クアラルンプールで開催されたアニメ系イベント"Comic Fiesta（コミック・フィエスタ）"では、ボカロ曲『秘密警察』*35の初音ミクのコスプレをしていた。

オックスフォードには、ミシェル以外にもコスプレイヤーが在籍していた。物理学専攻のレックスである。彼女のコスプレはゲーム系が中心で、衣装から武器などの小物に至るまで、そのほとんどを自作する。英国最大のアニメイベント『AyaCon Cosplay Ball』などで何度も舞台出演をした経験があり、バレエの嗜《たしな》みもある彼女のステージパフォーマンスは見事だ。こうしたコスプレ活動を通じてギャラも貰っており、活動は芸能活動の域に達していた。SNSにはファンページもある。

彼女は2012年、毎年名古屋で開催される『世界コスプレサミット』にイギリス代表として招待され、対戦型格闘ゲーム『デッド　オア　アライブ』に登場するくノ一「かすみ」のコスプレを行った。

レックスはまだまだアキバカルチャーファンをやめる気はないようで、2015年現在も、石油系巨大企業のスーパーメジャー「BP」のブレーンとして研究開発部門で働く一方、「越境コスプレイヤー」として芸能活動を続けている。レックスもミシェルも、まごうかたなきOTAKUエリートだ。

「アニメとゲームの日本語講座」

アキバカルチャーを通じた文化交流

2010年3月、私がオックスフォードを離れるときが来た。しかし、もっと色々なものを見たいという理由で就職時期を7月までずらし、語学研修も兼ねて学生時代最後の長期休暇をロシア、モスクワ大学で過ごすことにした。

3月20日、春の足音が聞こえ始めたモスクワの気温はマイナス6度。訪れたモスクワ大学の校舎は、ソ連が共産主義陣営の威信をかけて建設したスターリン様式の巨大で荘厳な建物だった。グラヴノエ・ズダーニェ（Главное здание／〝GZ〟）と呼ばれるこの建物は、一辺が400メートルもあり、内部には数千の教室や学生寮のほか、図書室、講堂、プール、劇場、博物館、食堂、売店などが入っていた。建物自体が一つの街のようだった。

しかし1953年に建築されたGZは、2010年時点ではインターネット未対応。ソ連崩壊後の資金難により、ネット対応は後手に回っていた。GZ中央部には学生の強い要望により屋内にLANケーブルが引かれたが、構造上の問題なのか単なる資金難なのか、GZの中央から離れた寮の部屋には接続環境がなかった。

そのため、入寮する学生たちは、独自に接続環境を作った。まず、誰か一人がGZ中央部の屋上を伝って線を引くなどして、自身の部屋に接続ポイントを作る。そしてその部屋の住人がルーターを設置し、窓から外壁を這わせてさらに他の部屋に回線を提供した。ルーター管理者に回線を申し込むと、数日後に寮の窓の外にLANケーブルが垂れ下がるというシステムだ。窓の位置関係からケーブルをそのまま下げられないときは、管理者がLANケーブルの先に重りをつけて外に投げ、申し込んだ者が窓から身を乗り出してキャッチするなど、何でもやっていた。さらに、LANケーブルを自室の中に引きこむにあたっては、木製の窓枠に穴をあける必要があった。ロシアではそこから、冬にはマイナス30度の冷気が流れ込む。しかし学生たちは、ネットのためなら、凍るような冷気すら受け入れたのである。

それすらも叶わない短期留学の外国人学生は、GZのホールの地下からかすかに流れ出る公衆無線LANの電波を拾うため、毎晩ホールで地べたに座り込んでノートパソコンを広げてネットにアクセスしていた。私もその一人だった。

モスクワへ着いて2週間もすると、せっかくなかなか来られない世界に飛び込んだのだから、学生たちとの交流を兼ねて何か面白いことがしたくなった。しかし、私のロシア語力では複雑なことは難しかったので、ここは一点突破で「日本語講座」をやることにした。

普通にやってもつまらないので、「ゲームとアニメの日本語講座」とした。ポスターには現地で知名度の高かった「涼宮ハルヒ」と「スーパーマリオ」のイラストを入れた。教材は「ジブリ」に「エヴァ」に「ファイナルファンタジー」に「初音ミク」のカラオケ！　この辺りを案内ポスターに組み込み、ホールの柱に貼っておいた。

当日、ポスターで予告した時間にPCを広げて待っていると、眼鏡をかけた女子学生が現れた。エーリャは、アストラハン州の出身で、物理学専攻だった。学部4年生で研究室配属になっており、太陽の研究をしていた。趣味は、もちろん「アニメ」だ。

「『ドラゴンボール』はポーランド語で見たよ。ポーランド語はロシア語と近いから、半分以上理解できるの」

エーリャはそんなふうに言っていた。

「ところでユーキは、イギリスではどうやってアニメを見てたの?」と再びエーリャ。

「動画サイトで見るしかなかったな。『マクロスF』はもっといい画質で見たかったよ」私がそう返事をすると、エーリャが「お前もそうか」と言わんばかりの苦笑いをしていたのが印象的だった。

「で、エーリャは『オタク』っていう言葉、知ってる?」

「もちろん、みんな知ってるよ。私はオタクほどではないけど、アニメはかなり見るかな。周りにもアニメシニクは多いよ」とのことだった。

オタクは英語でOTAKU、ロシア語でOTAKY。この言葉はすでに世界共通語になっていた。ロシアではアニメファンのことを「アニメシニク(Анимешник)」と言うそうで、「オタク」は「アニメシニク」を超越した、さらにその上の存在という位置付けだそうだ。彼女の話によると、アニメ好きが高じて、日本語会話能力を獲得する学生もいるらしい。

全4回の日本語講座では、ひらがなと音声の教材として「初音ミク」のボカロ曲を使ったり、ゲーム『ストリートファイターII』に登場する必殺技「波動拳」「昇龍拳」などを使って、漢字にはそれぞれに意味があることなどを教えた。

「教材」の動画は主にニコニコ動画を通じて見せていたが、流れるコメントや、検索すると出てくる数々の二次創作動画はエーリャの目にも入っていた。そのためか、「講義」の後、エーリャは日本語でのインターネット用語の質問をしてきた。

そのまま日本のサイバーカルチャーの話になったが、私はロシアのサイバーカルチャーも気になったので聞いた。

「ロシア語のサイバーカルチャーにも興味あるんだけど、有名サイトとかある？」

「『dvach（ドヴァーチ）』とか『Lurkmore（ラルクモーレ）』あたりが大きいかな」

即答だった。dvachはロシア語版の4chanである。Lurkmoreにもアクセスしてみると、ネット用語のウィキペディア、というよりはアンサイクロペディアだった。他にもエーリャに教えてもらったサイトを見ていると、ロシアのネタ画像サイトや掲示板は、日本とアメリカのコンテンツで埋め尽くされていた。ロシア独自のコンテンツが見当たらず、何だか申し訳ないほどだった。

この講座で知り合った人たちとはすぐに仲良くなり、その頃、放送中だったアニメ『けいおん！』第二期を、動画サイトで一緒に見るようになった。法学専攻のカーチャとアントンの部屋にお邪魔させてもらうようにもなった。カーチャの部屋には『けいおん！』の大きなポスターが貼ってあった。一番のお気に入りはメインキャラの一人である「あずにゃん」こと中野《なかの》梓《あずさ》で、黒髪ツインテールのあずにゃんは「Mai waifu（俺の嫁）」とのことだ。彼はいよいよ本物だった。

ロシアの将来を担うエリート、部屋はオタ部屋

ロシアのOTAKUエリートは、日本の何に興味を持ったのか

同年6月、3ヵ月間滞在していたモスクワを離れる前日、エーリャやアントンが中心になり、アントンの部屋で送別会を開いてくれた。送別会は見事にOTAKUだらけの顔ぶれだった。最初はアニメトークもしたが、そのうちに私のオックスフォードの思い出話や日本での生活の話など、「まじめな話」が主になった。

その中で出てきた彼らの質問は、日本の若者の生活スタイルにはじまり、上の世代との価値観の違いや、画一的に見える日本の教育システムから、どうして「二次元彼女」や「腐女子」などのとっぴな発想が出てくるかなど、思想や文化の背景に関する考察まで切り込んでいた。端的に言って、かなりレベルが高かった。さすが、モスクワ国立大学。ロシア全土から集まった秀才が学ぶ場所である。このように、総じて彼らの間には、「日本の若者文化は

モスクワ大学のオタ部屋。フィギュアだけでも10体以上ある

とても面白い（興味深い）」という共通認識があるようだった。

そんな雑談の合間に、私は一旦アントンの部屋を出て、トイレで用を済ませ、また戻ってきた。すると、開いていた隣室のドアの中から、アントンの友人・セルゲイが手招きしている。

誘われるまま隣の部屋に足を踏み入れると、いきなり大きな「高町《たかまち》なのは」のフィギュアが目に入った。アニメ『魔法少女リリカルなのは』のヒロインである。なのはが装備している魔法の杖、「レイジングハート」もかなり細かく作りこまれていた。このフィギュアは恐らく正規品、しかも、かなりランクの高い

「高級品」だ。

「何じゃこりゃ‼　一体これどこから⁉」

「おう、日本からだよ」

セルゲイは満面の笑みで答えた。恐らく個人輸入したものだと思われる。日本国内でもおそらく2万円はする高級フィギュアは、ロシアの所得水準からして、一般の人がポンポン買えるような代物ではない。おそらく彼の家庭は裕福なのだろう。しかもモスクワ国立大学に入れたということは、それなりに優秀で、将来を嘱望されているに違いない。

しかし……このオタクぶりはどうだろう。他にも、『けいおん！』などのフィギュアが10体ほど。パソコンの画面に目を移せば、デスクトップはライトノベルが原作のアニメ『狼と香辛料』のワンシーン。壁はアニメのポスターだらけだった。その上、パソコンデスクには、日本のオタクでさえ使うのが少々ためらわれる「おっぱいマウスパッド」が置いてあった。彼はガッチガチのアニメオタクだった。こんな若者が、ロシアの将来の一端を担うのである。

彼のパソコンには、学内ネットワークで友人とアニメを共有するシステムが整えられていた。つまり、他にも彼のようなアニメ好きがいるということだ。彼は、ロシアではモスクワ南方のヴォロネジ州がオタクの聖地になっていると教えてくれた。ヴォロネジが聖地化した理由は、ロシア最大のアニメ関連イベント『Voronezh Anime Festival（ヴォロネジ・アニメ・フェスティバル）』が開催されるからだそうだ。また、ロシアではコスプレが流行していることをネットや動画を交えて紹介してくれた。ロシア人は基本的に美しいものが好きである。そうした土壌もあって、日本の美意識の一種「kawaii（カワイイ）」も受け入れられやすいとのことだった。

その夜は美少女フィギュアとウォッカのビンを並べて、ＯＴＡＫＵトークやら世代論やらを引き続き繰り広げながら夜を明かした。エーリャを含む数人の女子学生は、マンガ調のお絵かきをしたり、「腐女子」の話をしながら、画像共有サイトのボーイズラブ系画像にうれしそうに見入っていた。やがて東の空が明るくなると、みんなでＧＺの屋上に忍び込んで、モスクワの美しい朝焼けを見た。そんなふうにしてロシアでできたＯＴＡＫＵ仲間たちと、ちょっとした冒険を楽しんだ。

３時間後、ランカ・リーのねんどろいどと、初音ミクのストラップをエーリャにプレゼントして、私はモスクワを去り、日本へと帰国した。「ロシアのエリートもアニメオタクだった」という、何だか微笑ましい記憶と共に。

金融マン、コンサルタント、研究者……卒業したってみんなANIME
オックスフォード学生が見ていたANIME

ミシェルやレックスのような、世界の経済市場を担うコスプレイヤーがいた。エーリャやセルゲイのような、ロシアの将来を担うOTAKUもいた。他にも、実に多くのグローバルOTAKUエリートたちに出会った。

オックスフォードで数学を専攻していたマレーシア人のクレアは、卒業後はイギリスの経営コンサルタント企業に就職したが、激務の間にアニメ『フラクタル』(2011年)を鑑賞し、感想をSNSに流していた。

クレアと同郷で法学専攻のライアンは、カードゲームにはまり、オックスフォード在学中の2003年には世界選手権にまで出場していた。そんな彼は2010年に来日したとき、秋葉原のラジオ会館で熱心にカードを眺めていた。日本語で書かれた文字は読めないが、カードの「攻撃力」や「効能」などは、すべてわかるとのことだった。そんなにカードゲームばかりやっていて大丈夫なのかと思いきや、彼はちゃっかりとロンドン・シティのヘッジファンドへの就職を決めていた。

2年後輩で香港出身、物理学専攻のカレンは、卒業後は投資銀行に就職。その後、結婚して、スマートフォンのアプリサービスの分野で起業した。彼女に2014年にロンドンで会ったときは、川原礫《かわはられき》のライトノベルが原作のアニメ『アクセル・ワールド』に夢中だった。カレンの夫のトンハンはさらに先を行っており、『アクセル・ワールド』のアニメを全部見た上に、原作のライトノベルも読破していた。次は同作者の手による『ソードアート・オンライン』のライトノベルを読むつもりだと意気込んでいる。

シンガポール出身のジェイミンは、オックスフォードを代表する学科＝哲学・政治学・経済学（PPE／Philosophy, Politics and Economics）の専攻だった。彼は日常的にアニメを見るにとどまらずアニメサイトにも出入りするほどで、そのためネットミームやサイバーカルチャーにも詳しく、「lolspeak（ロルスピーク）」と呼ばれる英語版の「2ちゃんねる語」を理解するほど重度のOTAKUだった。

そんな彼は卒業後、帰国してシンガポールの経済産業省のキャリア官僚となった。2014年、一児の父となった彼と再会したが、アニメ好きもlolspeakへの理解度も相変わらずだ。

ジェイミンが専攻していたPPEと言えば、卒業生に英国首相のデービッド・キャメロンやオーストラリア前首相のトニー・アボット、ミャンマーのアウン・サン・スー・チー、パキスタン元首相のベナジル・ブットなどの著名政治家が名を連ねている。ジェイミンも将来はこの仲間入りをするのかもしれない。

私がこれまでに出会ったＯＴＡＫＵたちは、多忙なビジネスマンになろうと官僚になろうと結婚しようと、アキバカルチャーファンであることをやめていない。この先、30歳になろうと、ＯＴＡＫＵはやめないそうである。

また、彼らの多くは、社会人となってお金に余裕ができた今こそ、「日本に旅行して、アニメなどで繰り広げられている日本の日常が本当なのか、色々確かめたい」と意気込んでもいた。彼らが日本を訪れる日は、そう遠くないだろう。

【注】

＊33　中国のインターネット上の掲示板で人気のある架空の動物。英語の "f●ck your mother" と同じ意味の中国語「肏你妈」に似た音の漢字である「草泥馬」が当てられた。

＊34　著者が大学在学中につくったミクの動画の一つ http://www.nicovideo.jp/watch/sm9906340

＊35　動画　http://www.nicovideo.jp/watch/sm12695779

第5章 アキバカルチャーのターン

海外で続々と誕生するOTAKUエリート。彼らと積極的にコミュニケーションをとり、ビジネスやプライベートで交流していくためにも、「アキバカルチャー」の正当な理解は今後、必須になっていくだろう。また、映像や出版など、コンテンツビジネスに携わる関係者は、「オープンソース化」というネットの世界の大きな波に対し、積極的な受け容れや利用法を考慮すべき時がきている。

この新たなソフトパワーを活かせるか
アキバカルチャーが必須教養になる?

ここで、これまでの本書の流れを簡単にまとめよう。

まず、インターネットが普及する前の時代に、米国を中心にパソコン通信の世界でカウンターカルチャーと仲間意識を軸とした、サイバーカルチャーが生まれた。これに、主に日本から生まれたアニメ・ゲーム・マンガ・ボーカロイド・同人作品などのコンテンツが加わってできたのが「アキバカルチャー」である。アキバカルチャーは、インターネットの普及の波に乗って日米の一部のファン層から全世界へと広まっていった。今やその範囲は、自己表現、創作活動、交友関係にまで広がり、層の厚い文化圏を形成している。

そんなアキバカルチャーの申し子である「OTAKUネイティブ世代」の若者たちは、趣味を通じて国際的に交友の輪を広げたり、コンテンツを作り出して発信したり、言語の壁を乗り越えて積極的に情報収集を行うなど、将来を期待するに十分な素質も持ち合わせている。

OTAKUネイティブ世代の若者は、オックスフォードやモスクワ大学にも在籍していた。彼らの一部は、近い将来、社会的に重要な地位に就くようになるだろう。おそらく20

２０年に東京オリンピックが開催されるころには、グローバルな舞台の第一線で活躍する「超知日派」ＯＴＡＫＵエリートを見ることになる可能性が非常に高い。実際に「ゲーム」の分野では、来日してゲーム翻訳会社を起業する外国人が現れるという「実績」がすでにある。[*36]

アキバカルチャーのソフトパワー[*37]が実際に機能し始めている今だからこそ、この新たなソフトパワーとしてのポテンシャルをどう活かすかという勝負が始まっている。アキバカルチャーから日本に入ってきた外国の人たちが将来、日本を観光旅行先や起業の場として選んでくれるか、ビジネスパートナーとして選んでくれるか、アキバカルチャー止まりではなく、次世代の知日派としてハイカルチャーへも入ってきてくれるか。この勝負において、「ＯＴＡＫＵエリート」たちがキーパーソンとなるのは明らかだ。

しかし、このようにソフトパワーだＯＴＡＫＵエリートだと言う前に、そもそもアキバカルチャー、より厳密に言えばグローバル・アキバカルチャー自体が日本の「顔」の一つになりつつあるのである。すると当然、民間交流、ビジネス、訪日などの場面で、外国人からその話題が出ることになる。私がオックスフォードやモスクワで体験したように。

そうした際には、私たち自身がアキバカルチャーについて理解していることが求められるだろう。もちろんこれは個々のコンテンツを知っているかどうかの話ではなく、アキバカルチャーの成り立ちや思想背景などの「文化論」を理解しているかどうかの話である。そして、日本国内の「オタク文化」ではなく、世界的な視点の「グローバル・アキバカルチャー」を理解していることが、より望ましい。

"Pray for Japan" の美少女イラストが持つ意味
具現化するアキバカルチャーのソフトパワー

2014年3月、ITベンチャー企業であるオキュラスVR社が、フェイスブック社に総額約20億ドルで買収された。オキュラスVR社の創業者で、会社の主力製品「オキュラス・リフト」というバーチャルリアリティーヘッドセットの開発者でもあるパーマー・ラッキー氏は、熱烈なアキバカルチャーファンで、訪日の際も、初音ミクのシャツを着ていたほどだ。また、交際相手と共にアニメ『ソードアート・オンライン』の大ファンであることも明かしている。

そんな彼が同年4月、オキュラス・リフトの日本優先出荷を発表した。その理由について、彼は、日本には同人ゲーマーやニコニコ動画のようなオタクコミュニティーがあり、次々と「異次元の発想」のコンテンツが生み出されているからだと述べている。これはアキバカルチャーの文化力が、先端的なコンテンツ市場での日本の優位性に直結した、一つのわ

アニメ関連コミュニティーの人たちが震災後の“Pray for Japan”運動で作った告知ポスター

かりやすい例だ。

アキバカルチャーのソフトパワーの一端は、２０１１年の東日本大震災の際も見られた。米国シアトルでは、毎年ファン主催のアニメ・マンガ・ゲームのコンベンション『SAKURA-CON（サクラコン）』が開催されている。震災があった直後、SAKURA-CONの実行委員はただちに特別チームを編成し、「SAKURA-CON Japan relief program（日本を元気づけるサクラコン・プログラム）」を立ち上げて被災地支援のための義援金を集めるシアトルの窓口となった。

ネット上でも、世界中のアニ

メ・マンガ・ゲーム・ボーカロイドのコミュニティーで、〝Pray for Japan〟キャンペーンが行われ、やがて被災者支援へと結びついていった。

ラッキー氏の日本優遇や〝Pray for Japan〟は、まさにアキバカルチャーのソフトパワーのなせる業である。「ソフトパワー」とはハーバード大学のジョセフ・ナイ教授が提唱した概念で、「その社会の価値観、文化的な存在感、政治体制などが、他国に好感を持って迎えられ、外交に有利に働くこと」とされている。「パワー」というと、なんだか正体不明の影響力でマインドコントロールしているようにも聞こえるが、実際は信用力や説得力という意味での「力」である。

ここで、アキバカルチャーを一つのソフトパワーと見なすのであれば、本来はもっと戦略的に考えてそのパワーを利用すべきだろう。しかし、先に挙げたラッキー氏や〝Pray for Japan〟の例は、日本人が意図しなかったリターンであり、今のところこうした利益は、いうなれば「棚からぼたもち」にとどまっている。

アキバカルチャーのソフトパワーの存在意義は、まずOTAKUという名の知日派を世界中に増やせることだ。こうした知日派の中には、社会で一定の影響力を持つであろう「OTAKUエリート」も含まれる。

知日派が増えれば、日本人が海外に出たとき、ユースホステルで交わす日常会話、現地でのビジネスネットワーキング、そして政治家によるトップセールスやロビー活動まで、様々な階層で活動しやすくなる。具体的な例を挙げるならば、日本企業がどこかの国に進出しようとする際に、相手国のカウンターパート企業に知日派がいれば、進出のハードルは大きく下がるのである。

一方、そうしたチャンスがある中で、新たな知日派として台頭するＯＴＡＫＵたちの思想背景やコミュニケーション方式に対する、日本国内での理解の低さが大きな課題になっている。彼らに対する理解は、今後さらにアキバカルチャーを世界で盛り上げていくためにも、グローバルな舞台で日本人が活動するためにも必要だ。

最終章となる本章では、アキバカルチャーの思想背景やファンたちの行動原理を踏まえた上で、これから日本人がどう向き合っていくべきかの提言をしたい。

「最萌」の焼け跡からの再出発
全世界から注目されていたアニメキャラ人気投票大会

まずは、今後さらにアキバカルチャーを世界で盛り上げていくための話である。これはアキバカルチャーのコンテンツの商業利用などのビジネスの話でもある。特に、版権元がこれ

２ch最萌トーナメントの一挙一動が中華圏のアニメサイトで記事になっている様子

までのやり方にこだわりすぎず、著作権などについて、時代に即したルールづくりとビジネスモデルの変革を行うことは急務だろう。

そのわかりやすい例が、毎年2ちゃんねるで開催されていたアニメキャラクターの人気投票『アニメ最萌《さいもえ》トーナメント』である。

このイベントは、過去1年に放送されたアニメのうちから、視聴者がもっとも萌えた女性キャラクターを、トーナメント方式で選出するものだ。２００１年から行われており、毎年7月下旬に一次予選、その後に続く二次予選、本選、決勝を経て、11月には優勝者が決定するという流れだ。

優勝者は深夜アニメ系のキャラであることが多く、２０１０年は『けいおん！』のあずにゃんこと中野梓、２０１１年は『魔法少女まどか☆マギカ』の巴《ともえ》マミ、２０１２年は美少女麻雀アニメ『咲-Saki-』の園城寺怜《おんじょうじとき》、２０１３年は『魔法少女まどか☆マギカ』の鹿目《かなめ》まどかが優勝している。

こうした『最萌』を取り巻く盛り上がりは、実は海外のほうが大きい。７月に日本の２ちゃんねるで『最萌』の一次予選が始まると、『百度《バイドゥ》アニメ掲示板』（中国）『Komica（コミカ）』（台湾）などの中華圏のサイトでは、エントリーしたキャラクターのリストが早くも出回り始める。やがてキャラクター応援動画や最萌自体の宣伝動画が出回るようになり、決勝トーナメントともなると、評論やら二次創作画像やらが大量に掲示板に書き込まれるのだ。英語圏も負けてはいない。英語圏のアニメオタクも2ch最萌トーナメントにへばりつき、例えば『animesaimoe.org（アニメ最萌）』のようなサイトでその動静を実況している。やることも中華圏のアニメオタクと同じで、本選のグループ決勝が近づくと、試合ごとに凝った画像が作られるようになる。2ch最萌は、日本での参加者の数十倍の人たちに、その一挙一動を見られていたのだ。

『最萌』がここまで人気となると、似たものが海外でも独自に開催されるようになる。その中でおそらく一番盛り上がっているのは、英語圏のアニメファンが２００８年に始めた『International Saimoe League（ＩＳＭＬ／インターナショナル最萌リーグ）』だ。各対決が１万票以上の戦いになることもざらで、そのことからもわかるように、かなりの盛況と言える。

ＩＳＭＬの２０１０年大会は『けいおん！』の秋山澪《あきやまみお》、２０１１年は『とある科学の超電磁砲』の御坂美琴《みさかみこと》、２０１２年は『Angel Beats!』の立華《たちばな》かなで、２０１３年は『俺の妹がこんなに可愛いわけがない』の五更瑠璃《ごこうるり》が優勝した。どれも日本国内でもヒットしていた作品で、そのヒットは、実は世界中で共有されていたという事実が端的に表れている。

このように世界各地で行われている『最萌』だが、本家の2ちゃんねる最萌では、集まる人の数が減っており、運営も人手が足りなくなり、２０１４年はついに途中で試合が停止したり、２０１５年はそもそも開催されなかった。

人が集まらなくなった原因については、「多重投票防止システムが難解」など、いくつか挙げられるが、そのうちの一つは、キャラクター画像使用の権利関係が不明瞭なため、2ちゃんねるユーザーが萎縮《いしゅく》状態にあったことが大きい。一部のファンが最萌を盛り上げようと、キャラクターの二次創作画像や動画を作って公開しても、別のユーザーから「著作権」という指摘が入り、最萌の運営側もそれには従わざるを得ない。その結果、公式サイトにはキャラクターの動画はおろか画像すらない状態になっていた。不完全燃焼に終わっていたのである。

ここでもしキャラクター画像使用のガイドラインがあれば、二次創作の波に乗って最萌はさらに華やかなものになったのではないだろうか。これは、版権元がミームやサイバーカルチャーと向き合ってこなかったために、世界規模の情報発信の機会を失った残念な例である。

そもそも、コンテンツ利用を部分開放して一般ユーザーの創意工夫に任せる方法は、「初音ミク」で実証済みではないだろうか。[*38] こうした経験から、権利元によるルールが整備され、たとえば後発の『CHARAPEDIA[*39]（キャラペディア）』などに活かされることを期待したい。

アキバカルチャーを研究した答えが『アナ雪』？
サイバーカルチャーに乗ったディズニーが語るもの

対して、近年のディズニーの取り組みは注目に値する。２０１３年のディズニー映画『アナと雪の女王』（原題：『FROZEN』）では、その宣伝に、これまでのディズニーからするとあり得ない方策が用いられた。「コンテンツの無断利用」や「二次創作」が黙認されたのだ。これにより、劇中歌の『Let It Go』は、ハルヒダンスや江南スタイルのようなネットミームとなって拡散していった。当然4chanなどからは、原作のイメージを壊すような二次創作物も流れているが、そのような事態も織り込み済みのようである。

このようにネットミーム自体もコンテンツとなる人気のあり方は、長らくアキバカルチャーの専売特許だった。ブランドイメージ保持のため、著作権には非常に敏感で、二次創作に対しても厳しく当たっていたことで知られるディズニーにしては、非常に大きな方針転換である。

おそらくディズニーも、日本アニメの世界的な人気を受けて、サイバーカルチャーを研究しているはずだ。そして『アナ雪』のＰＲ戦略に、その成果は活かされたと思われるのだ。

ここで「アキバカルチャー、危うし」と思われる方もいるかもしれないが、それはまずありえない。世界規模での観客動員を意図するディズニーでは、万人受けする作品をつくる必要があり、ゆえにカウンターカルチャーの支持者たちに響くような「際どいコンテンツ」を出すことはできないからだ。

アキバカルチャーがカウンターカルチャーなら、ディズニーは王道である。この違いこそが「ＯＴＡＫＵネイティブ世代」を魅了するのだが、問題は日本政府や業界が、その違いを明確に理解しているように見えないことだ。そのため、ディズニーが使いこなした「アキバカルチャーの力学」を、日本が使いこなせていないという現象が起きている。

多くの国内企業で、ソーシャルメディアの運営はＰＲ担当が兼任する程度にとどまる一方、米国ではSNSや掲示板を管理したり、そこで顧客と対話することが主な業務内容となる「ソーシャルメディアマネジメント」のキャリアが成立している。このキャリアでは、サイバーカルチャーの肌感覚と、その中で不特定多数と戦略的にコミュニケーションをする能力が求められる。国内企業にもサイバーカルチャーに対するこうした知見が全くないわけではない。ただ多くの場合でその知見が「ネットの世界ではこうすればこうなる」といった現場の実務ノウハウの集積でしかなく、歴史や思想・文化論を絡めた系統的な議論になっていないことが問題だ。

「アキバカルチャーはポップカルチャーですか?」
コンテンツ輸出に求められる最低限の文化論

日本のコンテンツ輸出の稼ぎ頭はコンシューマーゲームで、アニメならば『ドラえもん』『ポケットモンスター』のような一般向け、ファミリー向けのコンテンツである。これらの展開や収益化については、様々な良著が出ているほか、多くのコンサルタントや専門家が優れた提言をしているので、必要があればそちらを参考にされるとよいだろう。

一方、アキバカルチャーについてだが、こちらはあまり稼げていないと言われている。稼げない主な原因は、アキバカルチャーの一種である深夜アニメでいえば、動画サイトへの違法アップロード版を世界各国のアニメファンが視聴し、正規のＤＶＤを購入しないせいだと言う人も多い。しかし、そもそも世界の市場での深夜アニメの主な顧客ターゲットは、15～25歳という一番購買力を持たない層である（15歳未満は「両親と祖父母の財布」という強力な購買力を持っている）。金銭に関しては子どもに全く権限を持たせない家庭も多く、ゆえにマネタイズが難しい。また、海外でのアキバカルチャー発生の歴史的経緯もあり、肝心のファンたちが「既存体制」「権力」「金銭」を嫌うため、そうしたものを体現する政府や大企業は排斥の対象となる。それを考えると、アキバカルチャーで稼ごうとすることは色々と前途多難だ。

しかしそれ以前に、政府はもとより、国内のアキバカルチャー関連企業が海外のファンたちと向き合えていない印象を受ける。

それもそのはずで、企業や政府の意思決定層の中で、4chan に出入りしたり、海外のアニメファンが利用するアニメレビューサイト『MyAnimeList（マイアニメリスト）』やＳＮＳで、外国語でアニメなどについてのカルチャートークをして、海外のファンと直接交流できるような人がどのくらいいるのだろう。ほとんどいないのではないだろうか。それだから、アキバカルチャーが海外で稼げないのは、ファンがＤＶＤや書籍を購入しないからだという、十年一日のごとき議論が出てくるのである。

そうしたことから起こる理解不足が、アキバカルチャーを「ポップカルチャー」という大きすぎる括《くく》りの中に納め、ファミリー向けアニメと深夜アニメを一緒くたにして扱ってしまうという、誤った行動にも表れているのではないかと思われる。「日本アニメが世界で人気と言うが、実際に現地に行ってみると韓流の後塵を拝しているではないか」という議論は、まさにこの間違いを犯している（ファミリー向けの日本アニメの退潮は危機感を持ったほうがよいと筆者も思っている）。「グローバル・アキバカルチャー」はカウンターカルチャー性が強く、一般マス向けの文化と対極にあるとも言え、コンテンツを輸出する際も、その点を意識する必要がある。「混ぜるな危険」なのだ。

アキバカルチャーにはそんな「注意事項」があるが、その一方で韓流にもハリウッドにも見られない、ユニークな強みがある。アニメ・ゲームからネットミーム・踊り・コスプレなど、実に幅広い媒体を持ち、「一部」の人にとってはライフスタイルにまでなるという強みだ。この強みはユニークで他に例がないからこそ、日本のコンテンツ輸出をする側が率先して捉え方を提示する必要がある。

その捉え方の一例として、「アキバカルチャーの力学」や、ボーカロイドを中心とする創作の連鎖のような現象を、「オープンソース文化」の一環とする見方がある。[*40]「ゲーム実況」

や、北米とアジア圏を中心に盛り上がりを見せる「eスポーツ競技」もこれにあたる。eスポーツでは、ゲームというコンテンツが不特定多数の間で共有され、多くのファンと観客を獲得する必要がある。「パッケージを購入した人だけがゲームを楽しめる」という従来型のモデルとは真逆だ。

このように、「オープンソース文化」の下では、コンテンツは不特定多数に自由にアクセスされ、共有され、個人の各々のニーズに合わせて消費される。生産サイドでも、多くのコンテンツがウィキペディアのように集合知的に生産され、二次創作物や派生コンテンツも恒常的に作られる。この形態の文化を支持する人たちはシリコンバレーを始め、先進国でも新興国でも、都市部と若年層に多い。彼らは大企業が著作権を独占運用して収益化するモデルは「20世紀型」であり、オープンソース文化は「21世紀型」モデルだと主張している。[*41]

オープンソース文化が成立するには、文化活動をする大衆が必要だが、この事実は新興国でより重要な意味を持つ。新興国ではゼロ年代より中間層が大幅に増えており、より多くの人たちが単なる娯楽コンテンツの消費以上の文化活動を求めるようになっている。この流れはしばらく続くだろう。アニメやゲームから二次創作・コミュニティー運営などの文化活動へと繋がるアキバカルチャーは、その追い風に乗っている。

「オープンソース文化」の文脈からすれば、アキバカルチャーは一つの成功例である。しかし、その成功モデルをいち早く世界に示せるはずのアキバカルチャーが、版権元の無理解と前世紀型のビジネスモデルによって沈むとしたら、これほど残念なことはない。そのためにも、アキバカルチャーはポップカルチャーとどういう関係にあるのか、それは「オープンソース文化」に該当するのかなど、最低限の文化論的な議論が必要だ。

その意味でも、コンテンツ輸出の意思決定をする者が、「一般向け」と「アキバカルチャー」の区別を付けられるだけの見識を持つことは重要だ。これらを混同すると、アキバカルチャーに属しているコンテンツを「一般向け」の扱いで推してしまい、先述のような保守層の反発はともかく、大人が介入して意図せずして子どもたちの反感を買うという最悪の結果を招きかねない。

世界の「おまいら」との付き合い方
新たなソフトパワーの新たな使い方

世界におけるアキバカルチャーについて、収益化狙いでビジネスモデルを検討するにしろ、ソフトパワー狙いで作品をプロモーションするにしろ、その母体がサイバーカルチャーであるという事実に企業も政府もそろそろ正面から向き合う必要がある。

コンテンツを売りたいのであれば、自らの購買力はさほどない「子ども・ティーン・若者」層がメインターゲットだということを考慮したビジネスモデルが必要だ。アニメの場合であれば、国内と同じようなDVD・BDのパッケージ販売は、海外のアキバカルチャーのターゲット顧客にとっては負担が大きすぎる。課金ダウンロードも、家庭の方針などの理由で金銭の裁量権を持たされていない子どもやティーンをはじいてしまう可能性が高い。その結果、海賊版がはびこるか、そもそも話題に上らなくなる。

そうしたことを踏まえ、ドワンゴが運営するニコニコ動画ではアニメの無料配信がされている。海外では深夜アニメの地上波テレビ放送はほとんど無いため、中国では『土豆（トゥードゥ)』や『Bilibili(ビリビリ)』、米国では『Crunchyroll(クランチーロール)』など、ネット配信が主流になっている。このビジネスモデルでは、権利元は制作費をコンテンツ配信メディアから回収しており、コンテンツ配信メディアは広告収入などで売り上げを立てている。

コンテンツ販売でさらに重要なのは、アキバカルチャーのファンたちが、コンテンツそのものの質に加えて、それをいかに仲間たちと共有できるかに大きな価値を見出していることだ。これに応える企業側の一つの模索例が、2008年に漫画・ライトノベル・アニメの大手版権元のKADOKAWAが行った「角川公認MAD」だ。この制度は、YouTubeに一般利用者から投稿された角川作品を含む動画に公認のマークと広告を掲載するというもので、角川作品の人気と版権の存在を視聴者に示す仕組みだ。

コンテンツ利用の形態の一つであるグッズについても、ファンたちは多くの場合、SNSなどを通じて仲間に見せ、話題を共有する目的で買っている。そのため海賊版の粗悪品を忌避する本物志向を持つ者が多い。「ニセモノを掴まされた」ことを仲間たちに知られるのは恥であり、本物を持っているのがステータスだからだ。このあたりを日本の権利元が意識して、公式ルートでグッズを購入しやすいシステムが構築できれば理想的である。一番問題なのは、「公式」が存在しない市場では、しかたなく「ニセモノ」がファンの間でも承認されてしまうことだ。

共有することに価値を見出す傾向は、アニメだけでなく、アニソンやボカロ曲などの音楽、「踊ってみた」などにも言える。ファンたちは音楽や踊りそのものよりも、音楽を通じて動画サイトでネタを共有したり、コスプレやグッズを通じて「ファンであること」のアイデンティティーを発信したり、仲間たちとイベントで盛り上がったりと、楽しみをシェアするという総合的な文化体験を求めている。

そこで、これは個人的な一案に過ぎないが、世界中のファンたちと付き合い、作品を盛り上げていく具体例として、制作スタッフが海外の大規模アニメサイトでの掲示板スレッドやSNSアカウントにて、（狙って）間違った英語で書き込むという手段が考えられる。もし実行する場合は、アニメ配給会社よりも知名度が高く、ネタとして共有されやすいアニメ制作会社の名前が前面に出るほうが効果的だ。そうすれば第1章で紹介した〝All your base are belong to us.〟と同様に、ネットミーム化して強力なマーケティングツールとなる可能性も十分にある。極端な提案だが、ここで大事なのは、ネットミームもアキバカルチャーが提供する重要なコンテンツだという事実である。

ただし、アキバカルチャーを盛り上げようとする際に気をつけなければいけないのは、「オトナの介入」を避けるか隠すかする努力が必要ということだ。世界のアキバカルチャーのファンたちは、カウンターカルチャーと仲間意識という価値観を核に持っている。そこに政府や大企業のオトナたちが上から目線で「援助しよう」「一緒に盛り上げよう」などと介入すると、まずカウンターカルチャーとしての魅力が損なわれ、次いで仲間意識も失われる。平たく言えば「しらける」のだ。

最近やっと公式ルートでの世界展開が勢いづいている。ただしサイバーカルチャーへの無理解から、海外のファンたちの価値観を版権元が見落とし、従来のビジネスモデルに固執するあまり、作品売り切りの一介のサブカルへと〝盛り下げて〟しまう事態を危惧するばかりである。それでは「ブームが過ぎればそれで終わり」になってしまう。個々のコンテンツの短期間の収益だけを成功指標とする近視眼的なビジネスモデルではなく、イベント、グッズ、発生するであろうネットミームやオンライン・コミュニティー、同人活動も含めたモデルを立てられれば理想的である。コンテンツではなく、文化を売るのである。

OTAKUネイティブ世代、来日

来日するOTAKUへのおもてなし

来日する海外のOTAKUたちへのサービスも、彼らが身を置いてきた環境や思想に沿って見直す必要があるだろう。

世界各国でアキバカルチャー関連イベントが盛況となると同時に、アニメをきっかけに日本語を習い始める外国人は以前にも増して多くなっている。そうした人の中には、コミックマーケットやニコニコ超会議などの大型イベントを目的に来日する人も現れはじめている。重度のOTAKUに至っては、日本のオタクを真似て、萌えアニメ柄のTシャツを着て秋葉原でグッズを買い漁る。その姿は、もはや日本人のオタクと見分けがつかないほどだ。

アニメやゲームの舞台になった場所を歴訪する「聖地巡礼」旅行についても、外国人の本格的な参加は時間の問題であろう。もちろん「聖地巡礼」を主目的とするのは相当コアなファンであるが、来日のついでに聖地を訪れる人や、アニメを入り口として、なんとなく日本への旅行を考えるライトなファンはさらに多いはずだ。

彼らを迎えるにあたって考慮すべきは、彼らの日本に関する知識が平均的な来日客をはるかに上回っているということだ。彼らは一般の観光客と違い、「スシ・サムライ・トヨタ・

ニンジャ」では決して満足しない。それでは一体、何を求めるのだろう。

まず、彼らが来日するときに、空港にアニメキャラの特大ポスターや等身大パネルを置くなどして、わざわざアキバカルチャーを喧伝して迎える必要はない。彼らは「アニメの中で描かれる日本」を現実だと思うほど、日本に対して無知ではない。

彼らが求めるのは、日本の街並み、雰囲気、自然、日本人の日常など、アニメやマンガ・ネットの掲示板を通じて知った日本の「普段の姿」だ。具体的には、小売店や飲食店での気配りの行き届いた応対や、財布を落としても現金も含めて返って来ること、大きなお祭りの後などでもみんながごみを一つも残さずに持ち帰ることなどである。

私がオックスフォードで出会ったＯＴＡＫＵたちも、卒業後数年たち、何人かはすでに来日を果たしている。彼らに「日本で一番印象に残ったのは何か」と聞くと、「明治神宮での神前結婚式の行列」「１分単位で正確に到着する電車」などといった答えが返ってきた。彼らはそうした見聞を、帰国前からＳＮＳで仲間たちと共有するのである。

来日した彼らは、一応は秋葉原探索やカラオケでのアニソン歌唱も楽しんでいく。しかし、一番時間を割くのは、神社仏閣、地方探訪や街歩き、伝統文化の体験などであり、そうした風景の中に「日本の真実の姿」を見出すことなのだ。

「伝統文化をはじめとする日本のハイカルチャーは、外国人には簡単には理解できない」という日本人の意見もある。しかし世界のアキバカルチャーのファンたちは、アニメなどを通じて日本の伝統文化もさんざん見ている。彼らの教育水準と情報リテラシーが高いことは、そもそもアキバカルチャーという舶来物の異文化をたしなんでいるという実績が証明している。その中でも、ひときわ教育文化水準の高い「ＯＴＡＫＵエリート」については、言わずもがなである。

つまり、彼らをもてなすにあたり、日本側はただ「等身大」であればいい。彼らもＯＴＡＫＵだからといって特別扱いされることは望んでいない。むしろ、彼らは日本についての知識に自負があるせいか、滞在中は日本に溶け込みたがる。少なくとも、多くの日本人がうっかりやってしまう、外国人に対して「日本について無知であることを期待する」ような言動は、絶対にやめるべきである。

「OTAKUエリート」というチャンス

2020年、「超知日派」OTAKUエリートたちにどう応える？

アキバカルチャーは、日本人の個人にとっても大きなチャンスとなりうる。

これまでは、グローバルな活躍をしたいとなると、帰国子女や海外生活経験者など、それなりの海外経験を積んだ「特権階級」の日本人にしか、海外の人々と恒常的な交流を行うことや相互理解を深めることは難しかった。

ところが、今やアキバカルチャーがハブとなり、そうした「特権階級」以外の者にも、交流や相互理解を深めるチャンスが巡ってきている。こうしたチャンスが到来していることを知っていれば、個人レベルでもアキバカルチャーを発信することで、グローバル・アキバカルチャーという新たなソフトパワーの波に乗ることができるようになる。

まず、国内でアキバカルチャーと日常的に接している人がそうだ。関連産業で働く人々はもちろんのこと、同人作家、ボーカロイド作曲者（ボカロP）、コスプレイヤー、イラストレーター（絵師）、MMORPGゲーマー、MAD動画制作者、OFF会幹事、アニソンクラブDJ、ゲーム実況者、「踊ってみた」ダンサー、「歌ってみた」シンガー、ヲタ芸打ち師など、実は自分たちが流行の最先端を作っていることを認識し、どんどん情報発信すればよいのである。そして、発信する時には外国人の多いサイトにもアップロードしたり、タイトルにローマ字も入れておく程度の配慮をするだけでも、発信力に大きな差が出てくる。

英語が拙《つたな》くても問題はない。南米勢も東欧・旧ソ連勢も、英語が拙いのはお互い様である。そもそも絵やコスプレや動画は、外国語ができなくても十分通じる。こうしたやりとりを繰り返すうちに、肌感覚として世界のOTAKUたちの「ノリ」や「作法」など、「言語」以上のものが見えてくるだろう。そんな肌感覚を一つ知っているだけでも大違いである。

オタク文化やアキバカルチャーとは日常あまり縁がない人でも、外国人と日本文化について話をするにあたっては、まず日本の従来の「オタク文化」と世界中で共有される「グローバル・アキバカルチャー」には違いがあることを認識しておけばいい。その上で、グローバル・アキバカルチャーには趣味を共有するための媒体の種類が非常に多いという特徴、その文化がアメリカ発のサイバーカルチャーを母体としている点、カウンターカルチャーと仲間意識を軸に、世界中のファンたちのおかげで発展したこと、などの文化論を中心に謙虚な姿勢で説明できれば、一目置かれるだろう。また、そうこうしているうちに、「超知日派」OTAKUエリートとめぐり合う可能性もあるだろう。

しかし、そうしてできた関係を維持したり、ゆくゆくはビジネスなどの機会を創出するためには、一般的に言われるように「世界を相手にできるだけの教養」が必要となってくる。その基本が自国文化に関する知識と理解であるが、なんせ相手はOTAKUである。日本の文化や生活について、細部にわたって、とてつもない量の知識を持っている。それを上回る知識と理解を有していないと、外国人に日本の歴史や文化に対する認識の誤りを正されるような、恥ずかしい思いをすることになりかねない。

つまり、「世界を相手にできるだけの教養」の基本として、結局のところ私たち日本人が、自国である日本についての造詣《ぞうけい》を深めることが一番求められる。アキバカルチャーがここまで世界に広まり、日本の一つの顔となり、「OTAKUエリート」まで現れるようになった以上、アキバカルチャーの文化論も「自国についての理解」に含まれるのである。

夢の国としての日本

「萌え」の国に世界が寄せる期待

最後に、本書のテーマの一つとなっている「OTAKUネイティブ世代」の若者たちが、日本に求めるものは何かについて述べることで、本書を終わりにしたい。

OTAKUネイティブ世代の若者たちは、強力な仲間意識に基づいて、アキバカルチャーをベースにしたライフスタイルを世界規模で共有している。彼らが共有するのは、「アニメやゲームで、世界のみんなが仲良く！」という、まさに夢のような、しかし半分現実となった美しい世界でもあるのだ。

彼らもいつかは就職し、結婚し、趣味に割く時間が無くなって、OTAKUを卒業していくかもしれない。しかし卒業したからといって、ライフスタイルにまでなったOTAKUとしての幸福な記憶まで失ってしまうわけではない。彼らの記憶の中で、アキバカルチャーは、いつまでたっても色あせることなく、魅力的なままで存在しつづけるだろう。

そうであるなら、日本全体としても、彼らの期待という名の信用を裏切らないことが重要だ。

彼らが日本に寄せる期待とは、学園ラブコメマンガに登場するような安定した社会、際どいコンテンツやエッジの利いた流行を生み出し続けられる文化的な自由さ、美少女ゲームや萌えアニメが流通するほどの社会的余裕、コミックマーケットやコスプレイベントで現役の仲間たちが頑張る姿、そしてそんなことを日々満喫できるほど自由で平和な国であり続けることだ。

【注】

＊36 日本で起業したゲーム翻訳会社アクティブゲーミングメディア。

＊37 「ソフトパワー」とは、国家が掲げる価値観やその国の人々への信頼が「国際社会での発言権」という形で「ハードパワー（軍事力・経済力など）」に比肩する力となりうる、というジョセフ・ナイ氏の提言から生まれた概念である。一方、近年の日本では文化的な影響力を指す言葉として使用されることが増えている。

＊38 コンテンツのオープン利用については、『ＴＥＤ』でも発表がされている。 http://www.ted.com/talks/larry_lessig_says_the_law_is_strangling_creativity

＊39 サイト http://www.charapedia.jp/

＊40 http://panelpicker.sxsw.com/vote/3548

＊41 https://opensource.com/tags/open-source-culture

おわりに

本書を執筆した元々の動機は、オックスフォード留学記を「オタク視点」というスパイスを利かせて書いたら面白いのではないかという軽い思いつきである。しかし筆を進めるにつれ、イギリスやロシアで出会ったＯＴＡＫＵの友人にとって、アキバカルチャーは単なる流行のコンテンツではなく、コスプレからネットミームまで様々な媒体を統合しながら、価値観やアイデンティティーの域に達していることに気付かされた。しかも、とてつもなくグローバル化しながら。

こうして見ると「アキバカルチャー」にはまだまだ研究の余地がありそうだ。その一方で、いわゆる知識人や文化人と呼ばれる方々には手が出しにくい分野でもある。だからこそ、少なくとも議論は始められる立場にたまたま居合わせた私が声を上げた次第だ。

その是非については賛否両論あるだろうが、今やアキバカルチャーが世界の最先端の流行の一つであることは疑いようがない。ならばここは一つ、世界中の仲間と一緒に流行の最先端を突き進んでいることを素直に喜んだほうが、人生楽しいのではないかと思う。その後は、アキバカルチャーを取っ掛かりに世界へ飛び出すだけだ。

世界各国のアニメイベントは開催国外からの参加者が入り混じり、かなり国際化している。インターネットコミュニティーにいたっては、アニメ・ゲーム・コスプレ・アイドル・音楽などについて、出身国・母国語・宗教・性別など一切関係なしに、和気あいあいと話し合いが行われている。

日本人がよく恐れる言葉の不自由はお互い様だ。「オタク発祥の地から来た」という変な優越感や、「英語が苦手」といった引け目はすべて置いて、日本人であることは意識せずに一人の「OTAKU」として飛び込めばよい。むこうもグローバル・アキバカルチャーの持つ仲間意識に突き動かされて、出会いを求めている。踊り・コスプレ・歌・動画・絵でも何でも、とにかく自己発信をすれば必ず出会いがある。「オタク」でない人にも、世界中で若者を沸かせている「アキバカルチャー」の実像と、そこから生まれる未来のエリートの可能性を、本書を通じて伝えることができたのであれば幸いだ。

私自身は2015年に、バイオベンチャー「INTEGRICULTURE（インテグリカルチャー）」を立ち上げ、現在は人工培養食肉開発プロジェクト、"Shojinmeat（ショージンミート＝精進肉）」に取り組んでいる。人工培養食肉とは、牛や豚の筋肉細胞を大きなタンクの中で増やして作る肉だ。プロジェクトの目標は、「殺生」の必要のない、水資源の大量消費も森林破壊もない、持続可能な食料生産方法を確立することだ。この技術は将来、宇宙に進出するときにも必要になるだろう。

自社のホームページ（http://shojinmeat.com）にもその一端が見えているが、実はこのベンチャーには随所に「アキバカルチャー」が絡んでいる。「いただきます」の思想からもうかがえるように、日本には人工培養食肉に取り組む文化的正統性がある。そのため、このベンチャーが日本発であることを主張することには、戦略的な意義がある。そこに美少女キャラがいれば、一目で「日本発」であることがわかる。

会社の内部でも、「オタク」ゆえの映像に対する目利きやコンテンツ制作力、そして何よりも「仲間意識」が活かされている。ベンチャーを立ち上げる以上、何らかの困難や世間からの逆風もあるだろうが、批判などカウンターカルチャーの世界では当たり前のことで慣れっこだ。

もし事業が軌道に乗って海外に拠点を持ったときは、その国でアキバカルチャーを会社のカラーとするのも、認知度やブランド戦略という点でありだと考えている。そのときまでグローバル・アキバカルチャーがそのコアを失わずに、ネットを拠点に異彩を放ち続けていれば、私としてはとても嬉しい。

本書については、執筆の決心をさせてくれたオックスフォード大学学士会の友人、最初にこの企画を拾い上げ、本書の出版に先立って私をクーリエ・ジャポン誌にて紙上デビューさせて下さった、講談社の井上威朗氏、表現や構成について貴重な助言を下さった同社の青木肇氏、私のつたない国語力を補ってくれた杉本尚子氏など、関係各位に厚く謝意を表したい。

2016年1月　羽生雄毅

【上】“Shojinmeat”プロジェクトのトップページ。日本発であることを主張する美少女キャラで出迎える【下】同プロジェクトの火星プラントのイメージ図

〈巻末付録〉英語になったオタク語 & 英語のオタク語

グローバル・アキバカルチャーの世界的な普及とともに、「オタク用語」も世界に広まっている。もちろんサイバーカルチャーというアンダーグラウンドな世界ゆえに、上品でない言葉も多い。それでも、「こんな言葉が⁉」という笑える驚きを優先し、ここでそのいくつかを紹介する。

Ahegao（アヘ顔） 興奮のあまり正常な判断ができない精神状態にある（女性）キャラクターの表情のこと。アダルトアニメを通じて広まった。

Animu（アニメ） アニメファンによる「アニメ」の自虐的な呼び名。マンガは"Mango"とも。

B-baka! It's not like I～（バ、バカ！　別にアンタのために～） 好意を寄せている相手に対して素直になれない、いわゆる「ツンデレ」の定型句の英訳。

Chuunibyou（中二病）　思春期によくある、背伸び行動や想像力豊かな勘違いを総称したもの。以前より一部には知られていたが、京都アニメーション制作の『中二病でも恋がしたい！』で定着した。

Dakimakura（抱き枕）　むりやり英語に訳した〝Hug Pillow〟という言葉もある。しかし、購入者のほとんどがアニメオタクだったため、日本語の「抱き枕」がそのまま使われるようになった。

Desu（です）　日本語の語尾として有名であるため、日本語を使ってみたい外国人のオタクが〝kawaii desu～〟のように、文の最後にとりあえず付けてみたりする。ただし不用意な使い方はWeeaboo（日本かぶれ）呼ばわりや、最悪の場合、怖い「翠星石のDESUスパム攻撃」を招くので注意。

Fan-service（ファンサービス）　海外のアニメファンの間では１９８０年代から知られていた言葉である。和製英語だが、英語圏には概念自体が無かったため、そのまま輸出された。

Imouto（妹） 以前よりアダルトアニメ（英語圏ではHENTAIと呼ばれる）を通じて知られていた言葉である。それに加えて、最近のアニメ『俺の妹がこんなに可愛いわけがない。』の人気により定着した。

Light Novel（ライトノベル） 輸出された和製英語の一つ。ライトノベルというジャンルは英語圏には無かったため、言葉がそのまま使われている。

Loli（ロリ） アニメ『ロウきゅーぶ！』や『ブラック・ブレット』に出てくるような、ティーンより幼い女児キャラのこと。「ロリコン」も"lolicon"で通じる。また、"Onii-chan（お兄ちゃん）"も通じる。

Mai Waifu（俺の嫁） もはや恋に落ちたぐらい好きになってしまったアニメキャラのこと。「俺の嫁」を英語に訳すとすれば"my wife"となるが、これを日本人がカタカナ発音で「マイ・ワイフ」と呼ぶことから"mai waifu"となった。男性キャラについては、"Mai Husbando"という言葉もある。

Moeblob（萌えキャラを見下した言い方） 萌えだけしか売りがない（とされている）キャラクターのこと。例えばキャラクターの可愛さが売りになっているアニメ『けいおん！』が嫌いな人には、登場キャラ全員が〝moeblob〟に映る。

Moe moe kyun（萌え萌え～キュン） メイドカフェの定番だが、『けいおん！』の第4話が出典。「黒のストッキング！　純白のエプロン！　そしてメイドカチューシャ！　萌え萌え～キュン♡」

Moetards（萌え豚） Moeblobに群がる有象無象のオタク。〝-tard〟の語尾は〝bastard（バカ）〟と〝retard（アホ）〟から。

Narutards（ナルトバカ） アニメ『NARUTO－ナルト－』のファンを見下した呼び名。

Onee-sama（お姉さま） レズビアン物のアニメで、年下が年上の女性キャラに対して使う言葉。以前より全寮制の女子校を舞台とするマンガ作品の中で使われていた言い回しである。近年は『とある科学の超電磁砲』というライトノベル発のアニメの影響が大きい。また、「レズビアン物」をさす隠語である「百合《ゆり》」だが、英語圏でも"Yuri"で通じる。アニメのファンサブ版でも、"onee-sama"とそのまま使われる。

Pantsu（パンツ） 日本語でパンツといえばただの下着である。一方、英語圏で"pantsu"といえば、アニメの女性キャラのパンツのことを指す。２０００年代初頭から広まったと言われている。また、少数派とも言えない数の人たちが"pantsu"どころか"Panchira（パンチラ）"という言葉まで知っている。

Route（ルート） アニメやゲームにおいて分岐するストーリーラインのこと。美少女ゲームでは、どのキャラクターをメインヒロインとするかでストーリー展開が変わる方式が主流で、キャラクターの名前とセットで、「紗凪ルート」「みう先輩ルート」という言い方をする。これがそのまま英語に輸出された。

Senpai（先輩） 学園モノのアニメでよく使われる言葉であるため、海外でも広まった。

アニメのファンサブ版でも、“senpai”とそのまま使われる。“I Hope Senpai Will Notice Me（先輩、私に気づいて）”という派生ミームも生まれている。

Sensei（先生） 学園モノのアニメでもよく出てくるが、認知度向上に決定的だったのが、アメリカのアニメ『ティーンエイジ・ミュータント・ニンジャ・タートルズ』の武術の師匠であるスプリンター先生である。アメリカ人にとって“sensei”は発音しやすいし覚えやすい。

Shaft Head Tilt（シャフ度） アニメスタジオ『シャフト』の作品で時折見られる表現のこと。キャラクターが頭を（現実ではあり得ないほど）大きく傾けるポーズをとる。

Shimapan（縞パン） 縞模様の女性用下着である。“Shimapan”は発音しやすい、わかりやすい、二次創作しやすいと三拍子揃っており、ネットで流行るのは当然と言える。日本国内同様、海外のオタク界隈でも“Shimapan”といえば初音ミクと『けいおん！』の秋山澪ちゃんが有名である。

Trap（男の娘） かわいすぎて女性にしか見えない男性キャラクター。

Tsundere（ツンデレ） アニメキャラの萌え要素であり、キャラクターの分類にも使われるカテゴリー。特に「ツンデレ」に関しては、声優の釘宮理恵《くぎみやりえ》さんの演じるキャラが有名である。彼女の名前もツンデレキャラとセットで認知されている（"Kugimiya Disease"／和名「釘宮病」）。ほかにも「ヤンデレ（病み＋デレ）」「クーデレ（クール＋デレ）」「デレデレ（常にデレデレ）」など色々な「〜デレ」があるが、そのままローマ字書きで通じる。"dere"が入っていれば向こうは何らかの萌え属性のことだと認識するので、結局通じる。

Urobutchered（虚淵《うろぶち》される） シナリオライターの虚淵玄《うろぶちげん》氏により、キャラクターが悲惨な死を遂げるようにシナリオを書かれて「殺される」こと。虚淵氏は『魔法少女まどか☆マギカ』『PSYCHO-PASS（サイコパス）』『Fate/Zero（フェイト／ゼロ）』により、海外でも知られている。

Zettai-ryouiki / Absolute Territory（絶対領域） 女性キャラの描写で、ミニスカートとニーハイの間の太ももが露出している領域のこと。キャラのアピールポイントになっている。

3DPD（リアル女キモイ） “3D pig disgusting”の略。アニメの美少女キャラクターに対して、現実の女性を見下す言葉。日本のオタクたちの間で現実の女性が「三次元女」と呼ばれるのが、英語圏では“3D girls”と訳された。

16.5（ソードアート・オンライン） 川原礫によるライトノベル『ソードアート・オンライン』のweb小説版の16話と17話の間にあった裏話エピソードから。記述が性的に過激なため後に削除されたが、逆にファンの興味を引き、16・5話は勝手に各国語版に翻訳された。『School Days』の代名詞が“Nice boat.”なら、『ソードアート・オンライン』は“16.5”である。

羽生雄毅

1985年生まれ。2006年オックスフォード大学化学科卒業。2010年、同学博士課程修了。東北大学と東芝研究開発センターを経て、2015年、インテグリカルチャー(株)を設立。日本初の人工培養肉プロジェクト「Shojinmeat Project」を立ち上げる。その一方でオックスフォード在学中から2ちゃんねるやニコニコ動画のヘビーユーザーであり、帰国後もコミックマーケットなど同人誌即売会にサークル参加したり、オフ会でのヲタ芸や踊りに励んだりするなど、「オタク活動」も精力的に行っている。

講談社+α《プラスアルファ》新書 717-1 C

OTAKU《オタク》エリート

2020年にはアキバカルチャーが世界のビジネス常識になる

羽生《はにゅう》雄毅《ゆうき》

2016年1月20日第1刷発行

発行者―――― 鈴木 哲

発行所―――― 株式会社 講談社

東京都文京区音羽2-12-21 〒112-8001

電話 出版(03)5395-3522

販売(03)5395-4415

業務(03)5395-3615

カバー写真―――― 時事通信フォト

デザイン―――― 鈴木成一デザイン室

カバー印刷―――― 共同印刷株式会社

印刷―――― 慶昌堂印刷株式会社

製本―――― 牧製本印刷株式会社

本文・図版データ制作― 朝日メディアインターナショナル株式会社

定価はカバーに表示してあります。

落丁本・乱丁本は購入書店名を明記のうえ、小社業務あてにお送りください。

送料は小社負担にてお取り替えします。

なお、この本の内容についてのお問い合わせは第一事業局企画部「+α新書」あてにお願いいたします。

Printed in Japan

ISBN978-4-06-272921-5

講談社＋α新書

書名	著者	内容	価格	番号
男性漂流　男たちは何におびえているか	奥田祥子	婚活地獄、仮面イクメン、シングル介護、更年期。密着10年、哀しくも愛しい中年男性の真実	880円	683-1 A
親の家のたたみ方	三星雅人	「住まない」「貸せない」「売れない」実家をどうする？　第一人者が教示する実践的解決法!!	840円	684-1 A
昭和50年の食事で、その腹は引っ込む　なぜ1975年に日本人が家で食べていたものが理想なのか	都築毅	東北大学研究チームの実験データが実証したあのころの普段の食事の驚くべき健康効果とは	840円	685-1 B
こんなに弱い中国人民解放軍	兵頭二十八	核攻撃は探知不能、ゆえに使用できず、最新鋭の戦闘機200機は「F-22」4機で全て撃墜さる!!	840円	686-1 C
巡航ミサイル1000億円で中国も北朝鮮も怖くない	北村淳	世界最強の巡航ミサイルでアジアの最強国に!! 中国と北朝鮮の核を無力化し「永久平和」を！	920円	687-1 C
私は15キロ痩せるのも太るのも簡単だ！　クワバラ式体重管理メソッド	桑原弘樹	ミスワールドやトップアスリート100人も実践!! 体重を半年間で30キロ自在に変動させる方法！	840円	688-1 B
「カロリーゼロ」はかえって太る！	大西睦子	ハーバード最新研究でわかった「肥満・糖質・酒」の新常識！　低炭水化物ビールに要注意!!	800円	689-1 B
銀座・資本論　21世紀の幸福な「商売《あきない》」とはなにか？	渡辺新	マルクスもピケティもていねいでこまめな銀座の商いの流儀を知ればビックリするハズ!?	840円	690-1 C
「持たない」で儲ける会社　現場に転がっていたゼロベースの成功戦略	西村克己	ビジネス戦略をわかりやすい解説で実践まで導く著者が、39の実例からビジネス脳を刺激する	840円	692-1 C
LGBT初級講座　まずは、ゲイの友だちをつくりなさい	松中権	バレないチカラ、盛るチカラ、二股力、座持ち力…ゲイ能力を身につければあなたも超ハッピーに	840円	693-1 A
医者任せが命を縮める　ムダながん治療を受けない64の知恵	小野寺時夫	「先生にお任せします」は禁句！　無謀な手術、抗がん剤の乱用で苦しむ患者を救う福音書！	840円	694-1 B

表示価格はすべて本体価格（税別）です。本体価格は変更することがあります